ケルトを巡る旅

河合隼雄

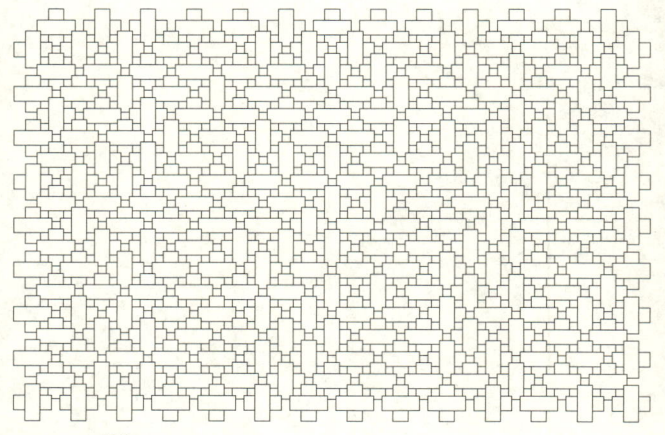

講談社+α文庫
プラスアルファ

目次◉ケルトを巡る旅　神話と伝説の地

I　ケルトへの思い

Ⅱ　ケルトのおはなし

Ⅲ　ドルイド

Ⅳ 「魔女」とレイライン

ケルトを巡る旅　神話と伝説の地

I　ケルトへの思い

旅の動機

私の仕事は心理療法をすることで、それはユングの考え方に基づいたものと言っていい。ユングの考え方とは、無意識の世界に強い関心をはらったものである。

西洋の、特に近代の文明は、人間の理性に重きを置いて発展してきた。それまでは、何でも神頼みだったのが、神様を抜きにして人間の理性を基準に多くのものごとが処理されるようになり、さらに、処理されるどころか、人間の思考によって効率よく生産的なことができるということがわかってきたのである。

人間の理性によって世界のすべてがわかるし、世界を支配できる。自分の好きなところに行けるし、好きなものが食べられる。言ってみれば、「何でもできる」と思い込みはじめたわけだ。

しかし、人間の心にはどうにもならないことがある。その典型がノイローゼである。いろいろなノイローゼの症状が出てくると、それは意識の力ではコントロールできない。それに対してフロイトやユングは、人間が意識していないところ（それを

「無意識」と呼んだわけだが、自分でも気づかないところに不思議な心の動きがあって、その力に人間の理性は影響されていると主張した。

私もそういうことを勉強して、人間が持つ普通の考え方、常識的な考え方の背後に、自分ではコントロールできない心の働きがあることを知った。

私は、そういった悩みを抱えている人に会い、話を聞いて、ともに考えているわけだが、そのためには「無意識の世界」について知っておく必要がある。その無意識の世界を知るひとつの手立てとして、昔の物語……つまり、神話や昔話、伝説といったものが非常に大事だということに気がついた。

こういう「物語」は、自分の心のなかに起こることと外に起こることとが融合して、ひとつの話になっている（昔の人はそれを区別せずに語っている）。現代人であれば、何か思いがけないことが起こったときに「とても怖かった」という言い方をするところを、昔は「お化けが出てきた」という言い方をした。これは外的な事実というよりも、自分の心のなかのことを語っている。しかもそれは、無意識の世界に深く関係してくるのである。

こういった経緯で私は、昔の物語である神話に関心を持ちはじめた。

日本人のことを考える際には、日本の神話がとても重要である。そして、日本の神話を研究するためには、世界の神話についても知らなくてはならない。そこで、世界中の神話を読んできたというわけである。

なかでもケルトの神話は、キリスト教以前のヨーロッパに生まれたものとして非常に興味深い。それは幸いにも現代にまで伝わってきている。

物事を研究したり論文を書いたりするときに私たちは、どうしてもヨーロッパ近代の考え方から逃れられず、そのパターンに従ってしまいがちである。言うなれば私たち現代人は、知らず知らずのうちに、キリスト教が生み出してきた文化を規範として思考しているということである。

しかし、実際はヨーロッパの人たちも、その背後にケルト的なものを持っているはずである。そう思って調べると、面白いことに、ケルトのおはなし（神話というか伝説というか、そのへんはあいまいだ）には、日本の昔話や神話との共通点が多いことがわかってきたのである。

特異かつ強力なキリスト教文化がヨーロッパに来ることによって、ヨーロッパの文化は発達し、現代では、その力が世界を覆っていると言っても過言ではない状況である。そこから生まれた科学や技術の強さもあって、世界中が、ヨーロッパ近代から発生した考え方に大きく影響されている。

しかし、現代のわれわれを取り巻く状況を考えた場合、それだけでは世界を一面的にしか捉えていないと言わざるを得ない。これからは「無意識」的なことへの視野も含めて、世界の在りようを考えていかなくてはならないと、私は考えている。そのときに、キリスト教以前に存在したヨーロッパの文明であるケルトのおはなしを知ることは、われわれにとってとても大切なのである。

キリスト教は一神教であるがゆえに、善悪や「正統と異端」といった、二極的な考え方を持つ。よって、キリスト教が厳しく導入されたところでは、ケルトの文化にまつわるものは、ほとんどなくなっている。それも、意図的に破壊されたという感じがする。

しかし、幸いなことにアイルランドでは、その影響が少なかった。キリスト教文化はローマから発し、イングランドまで及んでくるのだが、アイルランドはヨーロッパの辺境にある島だったからだ。

日本も大陸の東端にあり、そのことが固有の文化を育てる一因となった。地理と文化の関係は大きい。侵略の及ばないところに従来の文化は残るのだ。

アイルランドへ行き、ケルトにまつわるものに触れることは、キリスト教以前のことを知るとともに、「キリスト教以後」の「これから」を考えるために役立つのではないか、それは現在の悩める日本人への示唆をも包含《ほうがん》しているのではないか。私はそう考えた。

日本人は巧みに欧米の文明を取り入れてきた。それはキリスト教抜きで行われてきたところに特徴があるのだが、いまそれが、ある種の頂点に達しているような状態である。私は、キリスト教以前のことを知るのは、日本のこれからを考えるヒントになるのではないかと考えたのである。そのために、ケルト的なものが残されているところへ行ってみようと。

かつて私は、NHKの番組取材でアメリカ先住民ナバホの居留地へ出向いたことがある。この取材旅行は私に様々な示唆を与えてくれた。その縁もあり、NHKのスタッフに私からお願いをして、ケルト文化の残る場所を訪ねることになったのである。

ケルトの地

日本人について考えるひとつの材料として私は、日本の神話を研究的に眺めてきた。日本の神話には、一部特異な面もあるが、世界の神話と似通った点が多い。これを踏まえると、これまでよく言われてきた「日本は特殊な国である」という方向ではなく、「日本だけが特別なのではない」と考える方が実態に即していると考えている。

人間は、どの国の人、どの民族であれ、多大な可能性を持っているわけだが、そこに内在するある面を洗練させていった文化と、それとは違う面を洗練させていった文化がある場合、この二つは異なっているが、互いに了解不能なものではなく、よくよく話せばわかり合える類《たぐい》のものだと思っている。「互いを尊重し、時間をかけて話をすれば、双方の意思は通じる」という観点から、日本と日本の神話を見ていきたいのだ。

私はここ数年、そういった視点を持ちながら、世界の神話にまつわる場所を旅してきた。バビロニアやエジプト、中国……。アメリカ先住民ナバホの人たちを訪ねる旅も経験した。その旅は私にとって実りの多いもので、すでに一冊の本（『ナバホへの旅 たましいの風景』朝日新聞社）にまとめたのだが、ケルトとも大きく関わることが多いため、本書でも随所にそのエピソードを紹介していきたい。

私自身、いままでの研究では書物によってアプローチすることが多かった。というのは、現場へ行くと、その現場の情景に引きずられ、イマジネーションがしぼむということが往々にして起こるからである。そこで、現場には行かずに本を読み、あとは自分の想像を膨らませるというやり方を採用・実践してきたのだった。

しかし、神話にまつわることを考える際には、神話の生まれた場所を見て考えることが必要だと思ったのである。これまでに足を運んだ神話にまつわる場所では、それぞれの神話と、その地での感触とを関連づけながら、当地で考えることを実践してきた。今回のイギリス・アイルランドへの旅もそれらの一環である。

一九六二年、スイスのチューリッヒにあるユング研究所において私は、その後三年間にわたる研究の緒についていた。その頃のヨーロッパでは、人々は一般的に近代が

ケルト十字の塔を見上げる著者

もたらした科学や技術による発展を重視していた。一般の人たちはケルトのことなどほとんど考えていなかった。

ヨーロッパ大陸にも、ケルトにまつわる遺跡が残ってはいるが、イギリスの一部やアイルランドに残されているものは、それらとは一線を画している。たとえば、スイスにもケルトの名残はあるが、しかし、それはごくわずかで、いわゆる「遺跡の遺跡」のようなものなのだ。ところが、イギリスやアイルランドには、ケルトの文化がいまだ息づいている感じがある。そこが違うのである。

また、最近はイギリスやアイルランドの人たちの間で、意識的にケルト文化に代表される考え方や生活様式を復活させようという動きが出てきていると聞いた。それも実際に見てみたかった。

現地の人々

私がケルトのおはなしを意識しはじめたのは、一九七三年のことである。この年に私は、「浦島と乙姫」という論文を雑誌「思想」に寄せている。そのなかでアイルランドに伝わる「オシン伝説」を例に引き、「グリムのようなストーリー（ハッピーエンド）こそが世界のおはなしのスタンダードで、男性と女性が結婚してもうまくいかず、悲劇に終わるような日本の昔話は異端だという指摘を受けていたが、キリスト教以前のヨーロッパにも日本と同じ展開の話があるではないか」という主旨のことを述べた。これが私とケルトのおはなしの、研究的な意味での出会いである。

西洋的な価値観である自我中心の考え方、それは大切なのだが、それだけでは人の無意識が引き起こす様々な問題を理解することはできない。そう考えた私は、それとは違う意識の有り様を探る指標として、日本やケルトのおはなしに注目した。このことを西洋人に説くときに、「あなたの住むヨーロッパにも、こんな話がある」という材料が欲しかったのだ。

まず、井村君江さんの訳したケルトのおはなしを読みあさった。井村さんは、ずいぶん以前から、イエーツの作品などケルトにまつわるテキストを訳されている。また鶴岡真弓さんの訳によるものも、数多く読んだ。その結果、キリスト教以前のヨーロッパで培われていた心性、それを表す昔話や伝説、神話は日本のものによく似ていることがわかってきたのである。

また、人の無意識やそれを代弁するファンタジーに注目していた私は、ラフカディオ・ハーンの作品にも惹かれていた。それは、彼のバックグラウンドであるアイルランド、ケルトへの興味へと転化していった。

このように、今回の旅の以前からケルトのおはなしに関心を抱いていた私は、現地の人による、その語り口を実際に聞いてみたいと常々思っていた。また、それに対する聴衆の反応も知りたかった。

のちに詳しく記すが、彼らはとても話好きだということが現地へ赴いてよくわかった。日本以上に語りの文化が生きている。誰かがしゃべりはじめると、みなが寄ってくる。まったく見ず知らずの人たちが寄ってきて、聞いて、しかも「自分も話したい」と語りはじめる。あの感じはとてもいい。かつての日本もこうだったのだろうと思わせるものがある。

私は心理療法家なので、人間と人間の関係の持ち方、パッと会ったときの感じを現実に知りたい、というのも大きな理由のひとつだった。音楽にしろ人々の雰囲気にしろ、直接現地で触れることが大切なのだ。

現地で特に強い印象を受けたのは、人と人とが出会って話したりするときの「つながり方」である。それは日本人が昔から持っている感覚に近く、さらにはアメリカ先住民たちのそれにも近い。

この感じがもっとも違うのは、いわゆるアメリカ人だろう。多くのアメリカ人は、「言葉で表現しない限り通じない」と考えている。まず自己紹介をし、自分はどんな人間で、どういうことに関心があり、と続き、だんだん他者とつながっていくのがアメリカ人のやり方だが、アイルランドの人には、こちらからあまりものを言わなくてもスッと親しくなれるところがある。その感じがまだヨーロッパにも残っていることに、感じ入った。

「日本的」「ヨーロッパ的」という謂《いい》は、いわゆる表層の部分であって、深いところではみな共通したものを持っている。そのうちの「どこを強調して生きているか」にすぎない。その意味では、私たちが「日本的」と呼んでいる類のことは、欧米の人にもできるはずなのだ。

また、私たちも欧米の人たちの実践する生き方を、やればできるはずである。互いに「違うからできない」というのではなく、そのなかの何を選んで生きているのか、と考えれば、ヨーロッパの人たちでも私たちと近い生き方をしている人がいることに気づくのではないだろうか。

神話の起源

ユング（一八七五―一九六一）の言で私の好きな言葉に、「ヒューマン・ネイチャーはアゲインスト・ネイチャーである」というものがある。ヒューマン・ネイチャーのネイチャーは「性質」を意味し、アゲインスト・ネイチャーのネイチャーは「自然」を意味する。

この言葉が示すように、人間の特徴は、その存在が自然の一部であるにもかかわらず、自然と切れる傾向をも持っているところにある。これはとても興味深いことだ。人間のほかに、自然と切れようとする傾きを持つ動物はまずいないだろう（とはいえ、人間のエゴのために自然との接点を否応なく切らされている動物がいることも、また気の毒な事実である）。

人間だけがなぜ自然から切れようとする傾向を持っているのかはわからない。「思考する」というのはとても不思議な行為で、人間が獲得した特殊技能である。これは、自分というものが世界と別個に存在しているという意識を持つことに起因する。そして、その自分をどうすべきかを考えることを記したのが、神話なのである。すべての神話には、「人間が意識を持つとはどういうことか」が書かれていると言っていい。

動物の世界には、外界を観察したり外敵から身を守るといった意識はあるが、生をまっとうするための大きな「流れ」は決まっている。そこには思考の入り込む余地はない。

たとえば、ハチは見事な巣を作る。女王バチは子どもを産み、働きバチは働く……と、それぞれがそれぞれの任務を完璧に遂行している。彼らは太古の昔から同じ営みを繰り返してきた。「なぜ、こういうことをするのか」「これは何のためか」といったことを考えることなく続けてきたからこそ、そのシステムは存続してきたのである。

「そもそも私は……」などというのは人間だけなのだ。

人間は、はるか昔から思考し、試行錯誤を繰り返しながら生きてきた。

近代に入ると、人間が自然を支配し操作して、自分の欲することを実現してゆくという傾向が急激に強くなる。それを極限にまで推し進めていった国がアメリカだろう。

アメリカはヨーロッパ的なものがもっとも先鋭的になって現出した、とても合理的な国だ。それを別の表現で極言すれば、人が「土」から切れていったことを意味する（もちろん、それを可能にした資源の存在が大きい）。ここで言う「土」とは、自然のことである。自然に対抗してこれを支配・コントロールし操作することが、極限まで行われているのがアメリカなのだ。

そして、その果てに出てきたのが、一歩間違えば、地球上の文化的差異をなくし、世界を一様化することになるグローバリゼーションの問題である。この大きな流れのなかで私たちはどう生きるべきかを考えるうえで、教化する力の強いキリスト教文化の波に洗われながらもかろうじて生き残った「ケルト的なもの」が、大きな参考になると考えられる。

アメリカ人の祖先となる、アメリカ大陸へ入植したヨーロッパ人は、その土地に根ざして生きていたアメリカ先住民とは異なる、土とまったく切れた生活をした。余談だが、ユングは一九二〇年頃アメリカに渡り、その印象を一般の人とは逆に、「ここに移り住んでいる白人は、みな野蛮人だ。みながアメリカ・インディアンと呼んで馬

アイルランドの主たる産業は農業と牧畜である

鹿にしている人たちの方がはるかに気高い顔をしている」と書いている。

人間はその歴史のなかで、農業と牧畜という非自然的なシステムを創出した。それはつまり、人間が自然に介入し、これを操作しはじめたことを意味する。

もちろん、それまで行われてきた「好きなものを取って食べる」という狩猟採集も、継続して行われてきた。そこには動物を殺すために武器を作るという反自然性はあるものの、動物も他の動物を殺して食べてはいるので、ある意味では自然の営みと言えなくもない。しかし、農業と牧畜は明らかにそれとは異なっている。

ゆえに、農業と牧畜という二つのスタイルを人間が獲得するのと時を同じくして、われわれが現在知っているような神話が生まれたのではないかと、私は考えるのである。それまで自然の摂理に合わせて生きていた人間に、「なぜ、この行為をするのか」を説明する必要が生まれたのではないか。

ケルトの人々も、自らの文明を持つために神話が必要だったはずである。ケルト神話の面白さは、「世界の始まり」が記されていないところにある。これはケルトだけではないだろうか。世界のあらゆる神話は創世の物語を持っているのにもかかわらずである。

なくなったのか、もともとないのかは、わからない。というのは、ケルト文明が栄えていた場所に、明確な創世神話を持つキリスト教が入ってきたのだから、ケルトの創世神話が弱すぎて消えてしまったのかも知れないのである。

ケルトの神話は、「こういう島へ先祖はいかにして入り込んできたか」というところから始まるのだが、先祖がどこから来たかについては何も記していない。そもそも、この島はどうしてできたかということさえ記されていない。「ものごとの始まりを考える」というのはひとつの考え方だが、「そんなことは考えない」というのもまた、ひとつの考え方なのである。

車の渋滞を例にとろう。「先頭の車がゆっくり走るから渋滞する」という考え方はおかしい。道は全体の交通量が増えてきたときに、自然に渋滞しはじめるのである。「どこから始まったか」と考える方が間違っているのだ。渦巻きのように、どこから始まっているのかが判然とせず、「まぁ、ここらへんから始まってますよ」というのがケルト的なのだと私は思う。

日本の神話も、イザナギ、イザナミのくだりあたりから始まるものであったのではないだろうか。しかし、日本が中国や朝鮮と付き合いはじめると、他国に対抗するだけの神話が必要になる。そのとき、「もののはじめ」も語らねばならないからと、はじめの方を付け足したのかも知れない。というのは、はじめの部分には中国の影響が強く、いわゆる「外圧」によって作られた可能性があるのだ。『日本書紀』などは、明らかに外圧を意識して書かれたものである。

ケルト文化に覆われていたイギリスの一部やアイルランドにとって、キリスト教はあまりに強く、その創世神話には大きなインパクトがあっただろう。

ケルト神話とキリスト教との間に創世神話をめぐる大きな衝突があったとすれば、

ケルトはその勝負に勝つほどの強さを持ち合わせていなかった。その結果、ケルト神話の創世の部分は消されてしまったのかも知れない。

「個人」の出現

日本ではありがたいことに、大昔の人たちが歴史上の事象や伝説、神話などを、文書に書き残した。その点気の毒なのはアメリカ先住民の人たちで、彼らは文字を持たなかったために、自らの歴史や神話を記した文書は現存しない。この点に関してはケルトも同じで、物語は口承によって伝えられた。しかし、ものごとには必ず両面がある。文字を持たなかったことが、かえって強みになった。長い歴史のなかで、人々の口を介して伝えられてきたケルトの物語は、それゆえに深みを持ち得たとも考えられる。

アメリカ先住民ナバホの人は、「われわれには『宗教』という言葉・概念はない。生活自体が宗教なのだ」と言っていた。それは、私たちがアミューズメントとか、イベントと呼んでいるもの、冗談を言って笑ったりしていることでさえも、大きな意味で言えば宗教だということである。彼らの神話は、そういう生活・環境のなかに残ってきた。だからこそ、文書などなくても彼らの神話は「生きている」感じがする。

近代のヨーロッパに生まれた人間関係は、個人はみな別々だというところから出発している。別々の人間だから、言葉によってコミュニケーションをはからねばならない、そして、それは可能なのだという信念がある。だから言葉や理論を中心とした人間関係の構築を基本に据えることになる。そして、言語表現をしない人はコミュニケーション能力がないとか、意思を持っていないということになってしまう。

それは、近代ヨーロッパに生まれた考えを発展させた結果なのだが、もともと人間には「個人」などという考え方はなく、かつてはみな一緒に生きていた。動物の例を引くまでもないが、それぞれが自分の役割を果たしながら、全体としてちゃんと生きているという図式のなかで、人間も近代以前の長い年月、その生活を営んできたのだ。

キリスト教文化圏に生きる欧米人と比べると、そんな感覚を私たち日本人はいまだに保持していると言える。持っていながら近代国家の仲間に入り込んだのが、日本の不思議なところなのだ。

ケルト文化の残る地域には、日本が持ち続けてきた感覚に通じるものが多く残っている。以下では、旅で見聞したことをもとに、それらを具体的に見ていきたい。

II　ケルトのおはなし

ケルトとは

ケルト人とは、先述したようにキリスト教以前に現存した民族で、宗教、文学、美術など多岐にわたる文化を持っていた。

キリスト教は一神教であるがゆえに、排他的な側面を持つ。キリスト教が伝播《でんぱ》した地では、それ以前に存在したものが壊されてしまう傾向があった。一方、日本の神話はその逆で、壊すのではなく、以前からあったものなどと融合して、共存するような形で成り立っている。あるひとつの考え方によって成立しているわけではない。

ケルト文化のなかに入ってきたキリスト教は唯一神の宗教であったため、それ以外のものはすべて凌駕《りょうが》されてしまった。ヨーロッパからアジアまでの広大な領域に広がっていたケルト文化は、キリスト教の広がりに伴い、そのほとんどがなくなってしまったのである。

また、先にも述べたとおりケルトの人たちは文字を持たなかった。

文明や文化を考えるとき、文字を持っているか否かは大きい要素である。文字を持たないということは、記録が残っていないことを意味する。だから、残念なことにケルトに関する記録は存在しない。

アメリカ先住民であるナバホの人たちも文字を持っていない。したがって記録は残っていない。それでも、ナバホの人たちは白人文明のなかで、自分たちの文化や生活習慣を頑強に守ってきた歴史がある。そのおかげで、私がかつて彼らの居留地を訪れたときも彼らの文化に関する話を聞くことができたわけだが、ケルトの場合は、文化が栄えたその後にキリスト教的なものが入り込んだので、そのほとんどが消えてしまったのである。

ローマ時代にシーザーが北方ヨーロッパにまで行っているように、キリスト教の文明はものすごいはやさで広がっていった。しかし大陸から離れているイギリスはやはり辺境で、イングランドには届いたものの、さらに離れているアイルランドに到達するのはそのあとになった。また、キリスト教は時代が下るほど土着のものと融合するようなかたちで広がったので、アイルランドにはケルト的なものがかなりの質・量で残ったのである。

そして年代は下り、二十世紀の終わり頃から、キリスト教文明に対する様々な反省が起こってくる。これまでは、欧米＝キリスト教を中心に世界を考えてきたのだが、どうもそうはいかないということに、人々は気づきはじめた。そういった流れのなかで、ヨーロッパの人たちは他の文化について思いをいたすうちに、自らの足下にあるケルトの存在に気づいたのである。また一方では、ケルト遺跡の発掘も進み、相当な遺跡がオーストリアやスイス、アイルランドなどから発掘された。ここにきてケルトに対する関心がにわかに高まってきたのだ。

端緒

そんな動きに合わせるように、日本でもケルトに関する本が次々と出版され、それが私の関心を引いたことは先に述べた。繰り返しになるが、そのときのことを詳述したい。

私は、神話を研究的に眺める以前に、世界のいわゆる昔話を調べていたが、ケルトの昔話についての本を読むうちに、日本の有名な昔話「浦島太郎」や「夕鶴」によく似たものが、いまのアイルランドにも存在することを知るようになる。

「夕鶴」に似ている昔話とは、人間とは異なる存在が人間の女性になって男性と結婚したのち、また元の姿に戻り自分の世界へ帰ってしまうというもので、このストーリー展開は日本の昔話のそれとよく似ている。ところが、たとえばグリム童話に、カラスの出てくる一編があるが、そちらは逆で、様々な苦労をしてカラスが人間のお姫さまになり、最後には王子と結婚する。いわゆるハッピーエンドである。

かつて昔話の研究者は、グリム童話のようにハッピーエンドで終わるものが「本格的」な昔話であると考えていた。主人公が別れ別れになって終わるような日本の昔話は「本格的」ではないと。

しかし、浦島太郎などを研究的に読んでいた私は、この意見には賛同しかねた。そうとばかりも言えないはずだぞ、と思って他国のおはなしを読んでいき、アイルランドのおはなしに、日本のそれにとてもよく似ているものがあることをつきとめた。ハッピーエンドではないおはなしが日本以外にも存在することがわかったのである。

それから私は、ケルトにまつわる、イギリスやアイルランドに残るおはなしを、興味を持って読むようになったのである。

ラフカディオ・ハーン

ケルトのおはなしとは別に、私の関心をアイルランドに向けさせたもうひとつの契機は、ラフカディオ・ハーン（小泉八雲、一八五〇―一九〇四）の作品との出会いだった。

近代ヨーロッパでは、自分と他者、心と体、自然と人間を区別・細分化し、それを明確にすることで社会や国家、人々の意識を構築してきた。「明確な区別」は、ヨーロッパ近代を語るうえで欠くことのできないものである。

ところが本来、それらを明確に分けることなどできない。その「分けることができない」感覚、万物は渾然《こんぜん》一体となりえるのだという思いを私はハーンの作品から感じ取っていた。

日本にキリスト教がもたらされた頃の話だ。

宣教師の神父が、ラテン語で「魂」を意味する「アニマ」という言葉を口にした。

それを日本人は、「アリマ」と聞き間違える。魂とは「在るものの間」にあると考え、それに「在間《ありま》」という字をあてた。誤解が生んだ正解のようなものだ。

たとえば、私が花を愛《め》でるときに、私と花の間には魂がある。ところが、私が花を突き放して「いくらで買いますか」などと他人に持ちかけたら、その途端に魂は消え去ってしまう。その間にあるもの、在間にあるのが魂なのだと考えると、ラフカディオ・ハーンが書いた、柳の精が女になり男と結婚するという話（「青柳ものがたり」）もよくわかるのではないだろうか。柳と自分とはまったく関係がないと思っていても、在間を大事にしていくとだんだんつながってくるような気がするのだ。

それは、ヨーロッパ近代が自然と人間の間を「切る」ことに力を注ぎ、自然科学を発達させたのとは真逆である。ところが、いつもそういった幸福な関係になるとはハーンは言わなかった。現実には柳が切り倒されて死んでしまうという不幸が起こりうるからだ。

面白いのは、日本のそういった話をハーンがとても好きになるところである。普通の感覚を持ったヨーロッパ人なら「ナンセンス」と片付けたことかも知れない。ところがハーンは、「間」に存在する魂のすばらしさを知っていた。

そもそもハーン自身が、「間」に身を置いて生きてきた経歴を持つ。彼はギリシャ人の母とアイルランド人の父の間に生まれるが、早くに父を失い、貧しい暮らしを強いられる。アイルランドからアメリカへと渡り、その後日本へやってきたハーンは、境界や辺境、そこに在る「間」を感じてきたことだろう。また、人生の悲しさ、美しさをよく知る人だったであろう。

日本とケルト、それぞれのおはなしに共通する「悲しさ」は、ハーン自身も感じていたようだ。ハーンは松江の海辺をアイルランドの海岸に模して回想する文章を書いている。彼が愛した、おはなしの底を流れる悲しみだけでなく、情景までも似ていたのだろう。地球の裏側から日本にやってきたこの文学者に流れるケルトの血が、日本を偏見のない目で見、その地に息づいている話を共感を持って欧米に伝えることを可能にさせたのではないだろうか。

ハーンの作品を、私は若い頃から好きだった。しかし、その頃は「外国の学者が日本のことを上手に紹介した」ということのみに関心がいっており、彼がアイルランド人であることを意識してはいなかった。後年、アイルランドを詳しく知るようにな

水と緑の国、アイルランド

り、ハーンのこともよくわかるようになって、改めて深い感慨を抱いた。アイルランドの景色を実際に見て、森などに分け入ってみると、妖精や小人がいても決しておかしくないという気がする。一方日本には、生活空間に幽霊や妖怪などが存在するという面白さがある。家のなかにはうす暗い場所があり、そこには幽霊がいてもおかしくないと感じる——そういったことをハーンが書いているのは興味深い。

イエーツとジョイス

詩人であるW・B・イエーツ（一八六五—一九三九）は、ハーンよりも意識的にアイルランドの伝説やそれにまつわることを世界に知らしめた文学者である。恐らく、思いはハーンと同じで、現世と異なる「異界」が存在することを知らしめるために作品を著したのだと思われる。また、詩という表現方法が異界のことを書きやすい形だということもあっただろう。

現地へ赴いて感じたのは、イエーツはいまでもアイルランドの人たちから深く愛されているという事実だ。イエーツの詩の世界がそのまま生きているとでも言おうか。

アイルランドを代表する詩人W. B. イエーツの墓石

人が集まる場所では、イエーツの詩を朗読する人が大勢いる。「紹介するのがうれしくて」といった感じで口をついて出てくるのである。

ハーンが日本の生活空間に存在するものを感じ取ることができたのは、アイルランドの地で暮らした彼が持っていた感覚のおかげだろう。そこには、キリスト教的な世界観がまったく見られない。キリスト教的な世界観、のちの近代化における人間の思考に近づいていくと「幽霊なんて馬鹿らしい」となってしまうのだが、そういうアプローチではないのである。

恐らくアイルランド以外の場所でも、キリスト教が広まる以前はみな同じ状況だったと思われる。やはり、キリスト教は強烈なものを持つ、とてつもない宗教なのだ。そのキリスト教文明が生み出したものが、世界の近代化につながっていった。「それこそが普遍的だ」とでも言わんばかりに。いま現代人はそれを見直そうとしているわけだが、そのときに、イギリスの一部やアイルランドに残っているものが意味を持ってくる。

アイルランドの代表的な文学者のなかで、こういったことにもっとも意識的だったのが、ジェイムズ・ジョイス（一八八二―一九四一）だろう。

ジョイスは、いわゆる近代的な意識によって作られた文学を壊すほどの力で創作をした人だ。『フィネガンズ・ウェイク』の文章など、ひと続きになってワァーッと連なる、何とも言えない、怖いような面白さがある。

考えてみるとそれは、日本の古典文学に似ていないだろうか。

私は『源氏物語』を、誰かが「あのまま」ヨーロッパの言語に訳してはくれないものかと常々思っている。原文には主語などなく、句読点もない、ただダラダラと続く『源氏物語』を。私たちが読む『源氏物語』にはきちんと主語述語が補われているので、私たちはそれがもとの文章であると思い込んでしまいがちだが、もし『源氏物語』をありのままに訳せば、ジョイスの作品のようになるのではないだろうか。

いわば、そういったニュアンスのことを現代の西洋で著したのだから、ジョイスという人はたいへんな偉人なのである。

『ユリシーズ』をはじめとする彼の著作を私は研究的に読み込んだことがあるわけではないが、ああいった壮大な話は、アイルランド人であるからこそ書けたのだと思う。物語がものすごく「生きて」いる。そしてその生きた物語は、人が「生きている」ことと密着しているため、「ここで終わり」というところがなく、延々と続いていく。ジョイスの文章は、アイルランドお得意の渦巻き模様と似ているのだ。グルグルグルグルと、渦巻いて渦巻いて渦巻いていく。

ユングは、ジョイスの作品を「サナダムシのようだ」と評したことがあった。「どこからでもちょん切れるし、どこでちょん切ってもピンピンしている。頭がどこで尻尾がどこかわからないけれど、どこで切っても、それはそれで生き生きしている。けれど、全部つながっている」と。

「持たない」偉大さ

前章で、文字を持たなかったケルト民族のことに触れたが、このことについて辻井喬・鶴岡真弓両氏が、その対談のなかで興味深い指摘をしている（『ケルトの風に吹かれて』北沢図書出版）。「アイルランド人は意図的に文字を作らなかったのではないか」というのである。

たとえば、文字で「山」と書くと、私たちは山が何なのかがわかったような気がしないだろうか。しかし、考えてみれば、山の本質など絶対にわかるはずがない。本来、山という存在は人が思いを巡らせ、考えを巡らせても、その全貌はわかるはずがないものなのに、「山に登りました」と記すと、わかったような気になってしまう。

つまり、ケルトの人たちは、あるもののイメージやそこに内在するものが固定されるのを避けるために、あえて文字を作らなかったのではないか。ケルトのカルチャーは、ある意味では非常に高いレベルに達したが、それゆえに文字を作ることを拒否したというような主旨のことを、ふたりはおっしゃっていた。私はそれを読んで深く感じ入り、大きくうなずいた。

大昔の日本人も、文字を持っていなかった。外国との交流のなかで、他国の文字を自国のものとしていったわけだが、興味深いのは、そのときに「山」や「川」という漢字を持ち帰っただけでなく、それらを「あいうえお」に換え、ひらがなを作り出したことである。かつての中国人は具象的なものをポンと字にしただけだったが、日本人は、そこから「あいうえお」を作り出し、これを混じえて文章を作った。そして、このひらがな文字で書かれた文章による作品が、日本の物語の多くを構成していくことになる。紫式部をはじめとするこの頃の物語作家は、ひらがなで作品をどんどん書いていったのである。

ジェイムズ・ジョイスは、それと同様のことを近代化を経たあとに意識的に行った。恐らく、文化の継承に対する自覚があったのだろう。「近代的な意識だけを重視していてはいけない」と考えたのだ。それだけが文学だと考えてはいけない。

アメリカ先住民の文化は、ある意味ではとても洗練されていったのだが、文字がないために自らの歴史や足跡を後世に伝えることは叶わなかった。ケルトもこれと同様である。そのことを逆に評価する立場の人、つまり近代的な思考を否定する人は「ここまで洗練された考え方を持ちながら何も痕跡を残していない。これほど偉大なことはない」と言うのである。

詩人のゲイリー・シュナイダーは、そういった観点からものごとを見ているひとりだ。

文字を持つ人々の文化は確実に伝わっていく。たとえばエジプトでは「何年に誰がピラミッドを作った」といった歴史に関する記述が残されており、彼らの歴史の大枠は後世に生きるわれわれも知ることができる。

ところが、文字など持たず、あるがままに自然と共生していたとすれば、その人々の歴史は残されない。なぜなら自然は、文字のような形で何かを記録してはくれないからだ。しかし、自然と共に生きることは、閉塞する現代を生きるわれわれにとって重要な課題である。

どちらを選択すべきなのか。

私の考える答えは、「その両方に足をのせてバランスを取ることが大切」というものだ。どちらか一方に偏るのはよろしくない。すでに文字という文化を手に入れている現代人だからこそ、もうひとつの視点を養うことが大事なのである。

「今後の日本人を考えるうえでケルトが重要だ」と私が考えるのは、そういった意味も含まれている。

アイルランドのおはなし

イギリスの一部やアイルランドに残っているケルト的なものには、われわれ日本人が学ぶべきところが多い。日本の本質を考えるうえで、様々な示唆《しさ》を与えてくれる。

私がケルトのことを意識しはじめたのは、日本の有名な昔話「浦島太郎」がきっかけのひとつにあったことは先に述べた。

私は幼い頃から昔話が好きだったので、のちに心理学の勉強のために入所したユング研究所に昔話の講義があることを知ったとき、これを受けてみた。

そこでは、典型的な「おはなし」とは、「男性の主人公が様々な苦労を重ねながら、最後には女性と結婚する」ものだという。これは心理学的にも解明しやすい。物語を人間の心の内界に生じることとして読み解くのだが、主人公は人間の心のなかに生じてきた「自我」を表し、それが誕生してからいかにして「確立」してゆくかを物語っていると考える。

そこで、物語では主人公がいろいろと苦労を重ねるが、それは「自我」が自分の「無意識」からいかに離れ、自立してゆくかという心理的過程を反映していると見る。自分の「無意識」からの自立は外的には両親からの自立でもあるので、それを象徴的に示すものとしての、心の内界における「父親殺し」「母親殺し」と解釈できるようなことも生じる。それらを達成したが、「自立」をして「孤立」にならしめないためには、一度切り棄てた無意識との関係を回復しなくてはならない。あるいは両親を含めた他の人々との関係の回復が必要である。そのことが、女性との結婚という形で象徴的に示されると考える。これが典型的な、西洋近代に生まれた「自我確立」のおはなしである。

そう聞くと「なるほどなぁ」と思うのだが、日本のおはなしには、こういったものが見あたらない。

浦島太郎は乙姫に会いに行くわけだが、結婚もしないで帰ってくる。「おじいさんになりました、終わり」。「そんなもの、なんや」と思う。思うけれども、自分のなかに、どこかこのおはなしに惹かれるところがあるのも否定できない……。そう思って調べてみると何のことはない、『風土記』などにあるもともとの話では、きちんと結婚しているのだ。結婚しているのに別れて帰ってきて、結婚が破綻するのである。

私はその事実を知り、「わかりやすい、自我の確立といったパターンで終えるのだけが人生ではない。生き方にも考え方にもいろいろある。日本のおはなしには、そういう意味で価値がある」ということに思い至ったのだった。

日本のおはなしによく似たものが多く存在するアイルランドのおはなし。ここで、そのいくつかを紹介したい。

オシン

不老長寿の国へ行ったオシンのおはなしです。

ある日、スライゴー（アイルランド西部）の英雄フィンは、息子のオシンと一緒に狩りに出掛けました。その日はどんよりと曇っており、辺り一面に深い霧が立ちこめていました。

そこへ突然、霧のなかから白い馬に乗った美しい女性が現れ、こう言いました。

「私は不老長寿の国の王女です。オシンさん、私と一緒に来てください」

オシンは迷いましたが、父親のフィンはぜひ一緒に行くようにと勧めるのです。そこでオシンは決心して、その女性が乗る馬にまたがりました。ふたりは丘や山を駆け抜け、やがて海に辿り着きました。ふたりは、舟で海へと漕ぎ出し、不老長寿の国に到着したのです。

王様は大喜びでオシンを歓迎し、娘との結婚式を執り行いました。オシンはそれから、不老長寿の国で幸せに暮らしました。

三年の月日が経ち、ふるさとの夢を見たオシンは、どうしても故郷に戻りたくなりました。最初は引き止めていた王女も、とうとう諦めて、オシンに白い馬を与えました。そして決して馬から降りてはいけないと言って、送り出したのです。

故郷に戻ったオシンですが、どうも村の様子が違う、いぶかりながら通り過ぎると、村人たちが道の真ん中にある大きな石をどかそうとしていました。手伝おうとしたオシンは、思わず馬から降りてしまったのです。すると白い馬は飛び上がり、不老長寿の国へと走り去りました。その途端オシンは、三百歳の老人になってしまったとさ。

オダウド家の子どもたち

むかしむかし、アイルランドの海辺の町イニュシュクローンに、オダウド家の若い男が暮らしていました。

ある日浜辺を歩いていると、男は人魚に出会いました。この地方には、人魚の纏《まと》っているマントを剝《は》ぐと、美しい女性になるという古い言い伝えがあります。そこで男は、人魚の纏っていたマントを剝いだのです。すると、その人魚は言い伝えどおりに、若くて美しい女性に変身しました。

やがて、ふたりは結ばれ、七人の子どもが次々に生まれました。

その後、戦争が起こり、男は出陣することになりました。留守の間に、妻がマントを纏い海に帰ってしまうといけないと、男はマントを隠しました。

男は戦争から帰ってくるたび、妻に見つからないように、隠し場所を変えていました。しかし、あるとき末の女の子がこれを見ていて、母親にマントの隠し場所を教えたのです。

男が戦争に出掛けると、妻は隠してあったマントを取り出しました。途端に、どうしても海に帰りたくなりました。七人の子を連れて、海の近くまで逃げました。そして子ども六人を岩に変え、末の女の子だけをマントにくるんで、海に連れて帰りました。

その六つの岩は、いまでも海を臨む林のなかに残っていて、人魚岩と呼ばれています。

また、言い伝えでは、海に連れ去られた末の子どもは、その後アザラシに生まれ変

アイルランド・スライゴー県に伝わる昔話で、人魚の子どもたちのなりかわりと言われている岩の群れ

わったとされ、村人は決してアザラシを食べないといいます。
人魚岩には、こんな言い伝えもあります。雨も降らないのに、岩が濡れている。それはオダウド家の誰かが死んだとき。岩になった子どもたちが悲しんでいるからだ……。

ダーモッドとグローニャ

スライゴーの代表的な昔話、ダーモッドとグローニャのおはなしです。

アイルランドには、あちこちに大きな岩の遺跡があります。こうした遺跡は、ダーモッドとグローニャのベッドと言われています。

これから始まるのは、その恋人たちのおはなしです。

ダーモッドは、目を見張るようなハンサムな青年。グローニャは、土地でもっとも気高く、美しい女性でした。ダーモッドは、フィン軍団の若い戦士です。その魅力は、愛の女神さえ認めるもので、あらゆる女性を虜《とりこ》にしたものです。

一方、グローニャは、軍団のリーダー、フィンとの結婚が決められていましたが、年取ったフィンとの結婚に乗り気ではありません。

ある晩、グローニャは食事のとき、ワインに魔法をかけました。ワインを飲んだ人たちは、次第に眠りに落ちていきました。そのすきにグローニャは、ダーモッドに自分を連れて逃げてほしいと頼みました。

ダーモッドはフィンの忠実な部下だったので迷いましたが、ついにはグローニャとともに、秘密の扉から逃げ出しました。

逃げ出したダーモッドとグローニャには、何ヵ月も何年も、心休まるときがありません。

ふたりはいつも、困難や危険と隣り合わせでした。フィンの戦士たちが名誉にかけても、ふたりを捕らえようと、必死で後を追ってきたからです。ダーモッドは、たったひとりでそうした何人もの戦士たちと戦わなければなりませんでした。ふたりはいつも、すんでのところで逃げまわっていたのです。

ダーモッドとグローニャは、あちこちの見知らぬ土地で、眠らねばなりませんでした。ふたりを支えていたのは、お互いへの深い愛だけでした。

あるとき、ダーモッドとグローニャは、森の巨人に頼み込んで、森に住まわせてもらうことにしました。ただし条件がひとつ。それは、巨人が大切にしている不思議な木の実には、決して手を触れるなということでした。

その話を聞いたフィンは、ダーモッドの首か両手いっぱいの木の実を持ち帰るよう、部下をふたり差し向けました。しかし、ダーモッドは戦って、このふたりを追い払いました。一方、グローニャは、巨人の木の実が欲しいとねだりました。ダーモッドは気が進みませんでしたが、愛するグローニャのために、巨人に頼みに行きました。すると、巨人が怒り狂って襲いかかったので、ダーモッドは巨人を殺してしまいます。巨人が倒れると、地面が大きく揺れて、木の実は残らず落ちてしまいました。それを見たフィンの部下が戻ってきて、大喜びで木の実を拾って帰りました。

何年か経ち、ようやくダーモッドとフィンは和解しました。ダーモッドとグローニヤの結婚も許され、子どもも四人生まれました。ある日、フィンは仲直りの印として、ダーモッドを狩りに誘いました。

ふたりがベンボルベン山に辿り着いたとき、山からどう猛なイノシシが駆け降りてきました。ダーモッドの父に恨みを持つ人の呪いがかかったイノシシです。突進してきたイノシシは、ダーモッドに牙を突き刺します。瀕死のダーモッドが助かるには、フィンが汲んだ水を飲まなければなりません。ダーモッドはフィンに頼みますが、フィンは断ります。

こうして、ダーモッドは命を落としてしまったのです。

そののちグローニャはフィンと結婚し、ずっと幸せに暮らしたそうです。

ナンシーとフランク

グランブロウの森に伝わる、ナンシーとフランクの哀しい恋物語です。

むかしむかし、ナンシーとフランクという若い恋人たちがいました。裕福なフランクと貧しいナンシー。身分違いのふたりの恋を周囲は認めようとしませんでした。しかし深く愛し合っていたふたりは、ひそかに結婚の約束をしていました。ところが、ある日、フランクの乗った船が嵐に遭い、海に沈んでしまいます。フランクはナンシーの名を呼びながら、波にのまれました。

その晩のこと、何も知らないナンシーのところへ、白い馬に乗って、奇妙な風体をしたフランクが訪ねてきました。ナンシーは誘われるまま、馬の後ろに乗り、出掛けることにしました。

ふたりを乗せた白い馬が、グランブロウの森に差しかかったとき、ナンシーは何気なく川を覗き込みました。すると、フランクの影が映りません。ナンシーは、亡霊と馬に乗っていることに気づいたのです。

ナンシーは叫び声を上げ、フランクの亡霊と白い馬は、走り去ります。あまりのショックに、ナンシーはそのまま息をひきとりました。

村の言い伝えでは、ふたりは自然界に捧げられたいけになのだといわれています。

おばあさんのショール

むかしむかし、アイルランドのとある町で貧しいおばあさんが亡くなりました。そのおばあさんは、隣の家の女の子をたいそうかわいがっていました。自分が死んだら、大切にしていたショールをその子に渡してやって欲しいといつも言っていました。なのにおばあさんが死んだとき、みんなはその願いをすっかり忘れていて、ショールは女の子に渡りませんでした。

それから数週間経ったある晩のこと、女の子が突然叫びました。

「見て！　あそこに隣のおばあさんがいるわ。死んで埋められたときと同じ格好であそこに立っている」

それから二週間にもわたって、おばあさんの幽霊は女の子の前に現れます。困った家族はとうとう霊媒師を呼んで助けてもらうことにしました。霊媒師は女の子を部屋から外に連れ出しましたが、それでも女の子は、「おばあさん、おばあさん」と叫び続けていました。

霊媒師はおばあさんの幽霊に向かって、「なぜおまえは、このかわいそうな女の子を脅かすのか」と訊《たず》ねました。すると幽霊は答えました。

「あの子はまだショールを受け取ってないのよ、これじゃあ天国に行けないよ」

そこで霊媒師は幽霊の願いを叶えることを約束し、こう告げます。

「まったく馬鹿な幽霊だ。なんで約束を果たさなかった人ではなく、この小さな女の子を脅かすのだ」

それを聞いて幽霊は、何も答えずに消えてしまったとさ。

異界とおはなし

アイルランドでは、おはなしや語りが、生活のなかに、ごく普通に存在している。アイルランドのとある町には、「おはなしの家」と呼ばれる、人々が集まって順番に語る場所があったほどだ。

日常的に人々が集まっては、何の違和感もなく各自が知っているおはなしをする。そして、そのおはなしを聞くことによって、それぞれの心が深い体験をすることになる。

また、互いにおはなしを共有することで、ともに生きている感覚も生まれてくる。自分が死ぬことや人が死ぬことを考える機会にもなる。おはなしを聞くなかでいろいろな体験をしながら、人生についてもう一度考え、検討することができる。

おはなしを始めるときには、「これから話すことは日常の話と違いますよ。ちょっと違う世界に行かなければいけません」というエクスキューズをする。そのもっとも簡単な言い方が「むかしむかし（Once upon a time）」である。こういったおはなしの前置きの言葉は、各地域にある。アフリカだったら「おはなしおはなし」。つまり、「ここからは、ちょっと違いますよ」と伝えることで聞く側の態度を変えさせてからおはなしを始め、最後は「あったとさ」と言って、また日常に戻してやる。それは、おはなしを聞く側が、おはなしの世界と日常の現実とを混同しないようにするためのすべなのである。

アイルランドの昔話「オシン」は、「浦島太郎」と話の展開がよく似ている。男性が異界の美女と結婚し、帰ってきた途端おじいさんになってしまうという筋はほぼ同じで、私にはそのことが強く印象づけられた。

そのときに考えたのは、「昔は世界中どこにでもこういった話が存在したのではないか」ということだった。そこへキリスト教文化が入り込み、社会の近代化に伴って変わっていったのではないか。

最近の研究では、グリム童話の多くの部分は、もともとのおはなしをグリム兄弟が書き換えていたことがわかってきている。そのグリムが書き換えた話が、いま世界ではスタンダードになっている。しかし、「浦島太郎」や「オシン」のようなものこそが、もともと世界中のいたるところに存在した話で、そこへ近代になってグリムが書いたようなものができたと考えた方が、より事実に近いのではないかと私は思っている。

「天の羽衣《あまのはごろも》」と酷似している「オダウド家の子どもたち」も、主人公は自分がいた元の世界へ帰っていく。元へ帰るとは、自然に帰ることだ。

自然と人間がさらに密着した例として、カニと人間が結婚する話がパプアニューギニアにはある。カニが人間に姿を変えるのではなく、カニのままで人間と結婚するという話で、ここでは人間が自然に入り込んでしまい、区別がなくなっている。

日本のおはなしでは「人間だと思ったら違うじゃないか」というときの悲しみとか、そこで感じる哀れとか美しさが主題になるのだが、その点はアイルランドのおはなしとよく似ている。

ところがキリスト教は、はっきり「神、人、自然」を分けた。そのため、キリスト教文化のもとに創られたおはなしの場合は、人間が自然を克服するような展開になるのである。「カラスやカエルは人間になり得ない。人間が魔法にかかったときだけ、カラスやカエルになり、魔法を解けば人間に戻ることができる」といったように。こ

「おはなしの家」では子どもも語り部になる

の「魔法を解けば」というのは、「自然科学の力を借りれば」と言い換えることができる。

人間対自然という図式、「いくら人間ががんばっても結局自然に帰っていくのだ」と、「人間は自然を克服できる」という二つの異なる態度は、古くから存在した。面白いのは、日本人は「魔法を解く」という考え方をしないところだ。知らぬ間にツルが女になっているのに、その説明がない。ところが西洋では「魔法」という説明が必要なのである。このように「説明」や意味づけをする態度から科学が生まれてくるのである。

「浦島」と「オシン」が似ていたり、同じような話が世界の離れた場所に存在するという事実は、すべての人間の心には「異界」があるということの証《あか》しだろう。ツルなのかカラスなのかといった、それを何に置き換えて言い表すかは、それぞれの文化によって異なるのだが、異界をテーマとしている点では普遍的と言っていいのではないだろうか。

オシンは馬に乗って不老長寿の国に行き、浦島は亀に乗って龍宮城に行く。やはり、細部の表現は文化によって異なる。このことは、こういったおはなしが「伝播」したのではなく、それぞれの文化圏に独立して生まれていたことを裏づけていると言えるのではないだろうか。

概して根本は同じものだ。それは、人間とは自分を超えたものの存在、自分と異なるものの存在を肯定しているからであろう。「異なるもの」は、物語るより仕方がない。物語でしか表現できない。だから、どこの国もみな物語を持っているのだ。そこに、ある権威づけが行われると物語が神話になる。そして、それを共有した人たちがひとつの部族を作ろう、ひとつの国を作ろうということになり、様々な形態の集団ができたのである。

以前、アメリカ先住民ナバホが共有する、誰にも話してはならない「おはなし」の存在に驚いたことがある。ある部族がおはなし＝神話を共有することの重要さを現代に伝えるいい例だろう。

本当に不思議なことだが、アイルランドの語り部が話してくれた英雄フィンの話や取り替えっ子の話、それらを私は子どもの頃、読んだ経験があった。「日本児童文庫」というシリーズに「世界童話集」という上中下の三つの巻があり、そこにあった話がフィンや取り替えっ子なのである。それらの話がアイルランドのものだということを当時は知らなかったが、私にはとても印象に残っていた。その話を現地で直に聞くことができたことをうれしく思った。

おはなしの力

アイルランドのおはなしには、「なんでこんな結末になるのか？」と思うものが多い。暗く悲しい結末を迎えるものや、理不尽な終わり方をするおはなしが数多くある。

しかしよく考えると、実際の人生には納得できないことや悲しいこと、苦しいことの方が、ハッピーなことより余程多い。それなのに、キリスト教文明は、そういった苦しみや悲しみを超えてハッピーを勝ち取ることができるのだと、おはなしを通じて言おうとした。そのため、キリスト教以降の昔話にはハッピーエンドなものが多い。

太古の昔には、楽観的にすぎる話をしたところで何の意味もなかった。「自分のおじさんは急に病気で死んだ」とか、「自分のおばあさんは山から落ちて死んだ」といった事実が日常的に存在するところに、きれいごとを話したところで、みな聞きはしない。しかし、苦しみや悲しみを主題とするおはなしは、聞く側も「人間とはそういうものなんだ」と思うはずである。「この世はうまくいかないことばかりだ。昔からそうなのか。俺もそうだ」と。そしてそのなかに単なる苦しみや悲しみだけではなく、笑いや諧謔《かいぎゃく》、美しい話やきれいなもの、あるいは悲しみが深まることによって共有されるテーマなどを入れ込むことによって、人の心を打つおはなしに仕立てていったのである。

おはなしとは本来そういうものだったのだが、そこに願望や目標について語るという要素が加わったことで、ストーリーに変化が現れたのである。あるいは現実認識の態度も変わってきたのである。

近代化のおかげで、人間は実際に、ある意味ではハッピーになった。たとえば、ペストで人が死ぬような時代もあったが、自然科学の力で人間はこれを克服した。医学がハッピーエンドを作り出した例である。だから、「いままでみんな『悲しい、苦しい』なんて言ってたけれど、人間が努力すればペストも克服できたじゃないか」と。「高い山にだって登れるじゃないか」と。そう言いはじめると、すべてプラスなのである。人間の努力こそがいい結果を生み出す、そう信じられてきた。

近現代は、そのような考えのもとに発展してきたのだが、現代にいたって「そればかりではダメだ」ということがわかってきたのである。いくら科学技術が発達しても、人生には悲しみも苦しみもある。そのどちらへの視点も大切なのが、いまという時代なのである。

そのとき、この両者をバランスさせることが大事だ。しかし、それは容易なことではない。人生経験の少ない子どもに話をするときなどは特に難しい。

精神分析家のベッテルハイムは、「子どもにおはなしを聞かせるときには、ハッピーエンドの話を語るべきだ」と言っている。「子どもはこれから成長するのだから、

『可能性や努力によっていい結果が得られる』といった方向に向かわせるべきだ」と。

もうひとつ大切なのは、聞く側と話す側との人間関係である。

悲しい話でも、お母さんに聞いた話は、どこか救われる。お母さんと一緒に泣いたりすることで救われているのである。だから、単なる苦しい話がポンとあるのは困る。子どもが怖い話を聞きたがるのは、自分の好きな人に話をしてもらっていれば怖いけれど怖くないからである。その両方を味わっているのだ。滅多やたらに怖いテレビ番組を見ているのと、怖い話をおばあちゃんにしてもらっているのとでは、わけが違う。

私は、なるべくそういった人間関係のなかでおはなしがされるべきだと考えている。

伝説に出てくる場所や、いわれのある石や川、木などが存在している例がアイルランドにはたくさんある。そういうものが存在すればするほど、そのおはなしは伝説化していく。伝説がそれを離れて昔話になっていくものもあるし、昔話がどこかに結び

ケルトのおはなしでは、泉や川には「アナザーワールド」への入口が多いとされている

ついて伝説になっているものもある。

しかし難しいのは、近代的な見方をすれば、伝説上の岩や木が実在するなどというのは、馬鹿げたことだとも言えるという点である。「そんなものが残っているはずがない」と。おはなしは心のなかのこととして受け止めやすいが、それを実在するものと関連づけて語られると、かえって否定されるところもある。

人間はいまや自然科学の知識に頼って生きているにもかかわらず、そういうお伽噺《とぎばなし》のような世界をどこかで信じている。心のなかの状態としては、そういうことがありうるからだ。知的な理解ではなく、生身の人間が関わっているからこそ、「うん、そうだ」と言いたくなるのである。それが「信じる」ことに近づいていく。

知的な理解というものは、あまり心を揺さぶらない。「人生は悲しみに満ちています」とただ言われても、「ああ、そう」で終わりだろう。ところがおはなしに出てくる悲しみには、「う〜ん」となるのではないだろうか。そういうものは人間全体に作用する。そこがおはなしの強みなのである。

昔話のように伝えられ残されてきたおはなしには、どこか洗練されているところがあり、批判に耐えられるだけのものを内包しているという特徴がある。人間の心の骨組みにピタッと合っているおはなしは残りやすい。これまでいろいろな人が、様々な話をしてきたのだろうが、そのなかで、人々の心を打ったものだけが残り、伝えられてきたのである。

考えてみると、荒唐無稽《こうとうむけい》な話が千年以上も脈々と受け継がれ語り継がれてきたというのは、すごいことだ。

ケルトの昏さ

作家の荒俣宏さんが、かつてケルトのおはなしを「あまりにも昏《くら》い」と評したことがある。確かに、ケルトの物語の登場人物は、やたらに人を殺す、自らも死ぬ。日本のおはなしには「悲しみ」はあるが、そういった昏さはない。

この徹底したケルトの昏さをどう説明したらいいのだろう。

私は、ケルトにおいて信じられていた輪廻《りんね》転生の思想が関係していると考えている。

自然と人間は同列に生きていると考えるケルトの場合、動物も植物も死んだら生まれ変わるという輪廻転生的なものを人間にもあてはめていたであろうことが想像される。輪廻転生するということは、いま自分が生きている生活だけで完結する必要がないことを意味する。今回の人生しかないと仮定したら、「めでたし、めでたし」で終わらないと話にならないが、輪廻転生するのなら死んでもまた蘇ることができるのである。

前出の精神分析家ベッテルハイムは、グリム童話にはハッピーエンドのほかに、人間が動物などに変身し、その後人間に戻るという特徴があると述べている。

王女がカラスになったり、王子がカエルになったりという「変身」があり、それがどうにか元の人間に戻って「めでたし、めでたし」。これは、キリスト教文化圏では輪廻転生が信じられていないため、「変身」と言わざるを得ないのだと、ベッテルハイムは主張したのだ。

これはケルトのおはなしに出てくる「変身」とは違う。ケルトや日本の昔話では、自然と人間の区別がないから、人が動物になったり動物が人に変身したりしたのだが、ここでは輪廻転生の代わりとしての変身が論じられている。これは面白い見方だと思う。

輪廻転生と母性原理

ケルト文化の特徴としての、渦巻きの存在はよく知られている。文様自体にも渦をかたどったものは数多くあるし、ケルトでは渦巻きは「アナザーワールド」への入口

森にある岩に刻まれた渦巻き模様

とされていた。音楽や文学にも、渦巻き模様のように始まりと終わりがあいまいなものが多い。

私が渦巻き模様に最初に興味を抱いたのは、先述したスイスのユング研究所から日本に帰った頃のことだった。帰国して一番初めに会った不登校の子が、「肉の渦に引き込まれ、恐ろしくて目が覚める夢を見る」と言うのである。それを契機に渦にまつわるいろいろを調べてみると、面白いことがわかった。

これは世界共通の認識なのだが、古代から渦は、偉大なる母の子宮の象徴と考えられてきた。そしてそれは、生まれてくるという意味と、そこに引き込まれて死ぬという、二つの意味を併せ持っている。ポジティブな面とネガティブな面を持つ、まさに輪廻転生を象徴するものなのだ。日本の縄文土偶の女神には渦が描かれているものが多いし、世界でも、守護神にはよく渦の文様が彫られている。

つまり母性の象徴なのである。私が会った不登校の子も、母親との関係に悩んでいたし、箱庭療法を施すと、同じような境遇の人が渦の絵を描くこともある。

その母性を象徴する渦巻き模様が、イギリス・アイルランドには多く存在する。これはケルト文明が母性原理に裏打ちされていたことと無縁ではないように思われる。

グルグルと回るケルト文様と輪廻転生の関係。おはなしから音楽にいたるまで、ケルト文化と渦巻きとが連関しているのは、本当に興味深いことだ。

マッカラシー教授との対話

アイルランドを訪れた際に、アイルランドの民話を収集・研究しているダブリン大学民話学部のマッカラシー教授と対話をする機会を得た。その内容を紹介したいと思う。

M“The Story of the Judgment”はアイルランドの妖精に対する信念と密接につながっています。妖精は体に血が流れておらず、天国に行くことができないと考えられていました。

このことを顕著に表すおはなしを紹介しましょう。

ある男が夜、田舎道を歩いていると、見知らぬ人に声をかけられました。見知らぬ人は男に、「私の名前は○○といいますが、私が死んだら天国へ行けるかどうかを司祭に尋ねてきてほしい」と言うのです。

次の日、男は司祭のところへ行き、その旨を尋ねてみたところ、「その体に一滴でも血が流れていれば、その人は天国へ行くことができます」との返事をもらいました。

男は見知らぬ人と会った場所に戻り、見知らぬ人に司祭の答えを伝えました。すると、見知らぬ人はナイフで自分を切りつけたのです。しかし、傷口からは水しか出てきません。見知らぬ人は悲しみ嘆きながら、その場を立ち去りました。

このおはなしからもわかるように、“The Story of the Judgment”の思想は、キリスト教以前の思想とキリスト教の思想が混じったものなのです。

河合　ドイツやフランスの教会に行くと、キリストが十字架を背負い、苦しむ話を描いた絵をよく見かけます。アイルランドの人々は、このようなキリスト教の話をどのように受け止めておられますか。

M　非常に好意的に受け止めています。そういった話はとても有名になりました。キリストと十二使徒に関する宗教のおはなしはいくつもあり、語り継がれています。福音書や新約聖書に出てくる多くの事柄は、アイルランドの伝統や慣例に影響を及ぼしています。いくつも例はありますが、それらは、司祭の説教などを通して伝わったものです。多くの場合、それぞれの事例には、どうしてそのようなことが起きたかについて説明があります。

イエス・キリストがローマから逃走するときの話です。キリストは逃げる途中、とうもろこしの種を蒔《ま》いている農夫に出会います。キリストは、その農夫に「私はイエス・キリストです。ローマ人に追いかけられています。ローマ人が私を捜しに来ても、見なかったことにしてください」とお願いします。

アイルランド・ダブリン大学民話学部のマッカラシー教授

農夫がキリストが立ち去ったあとも種蒔きをしていると、そこへローマ兵がやってきて、「イエス・キリストを見なかったか」と尋ねます。その農夫は「このとうもろこしの種を蒔いていた頃に、見かけました」と言いました。とうもろこしは、種蒔きから三ヵ月ほど経った丈に生長しています。それを聞いたローマ兵は、イエス・キリストはとっくにこの辺りからいなくなったと思い込むのです。

このようにアイルランドでは、イエス・キリストについての話が語り継がれて、人々のなかに根づいていったのです。こういった話は人々の興味をかき立て、心を捉えます。

河合　日本では十六世紀にキリスト教が伝来し、その後キリスト教は禁止されました。神父や司祭はヨーロッパに帰されましたが、一部のキリスト教信者は隠れてキリスト教を信仰し続けました。完全に禁止されたなかで、秘密裡《ひみつり》にです。そういった状況のなかで、福音は語り継がれ、日本に定着しました。また、彼らは聖母マリアについての関心が高く、独自の話を創造しました。

M　聖母マリアはとても重要な存在です。大枠で捉えた場合、キリスト教は男性中心の宗教です。アイルランドではキリスト教が伝わる何百年、何千年も前から、女性の神位は重視されていたので、聖母マリアは非常に重要な存在となりました。アイルランドに数多くある聖なる泉からもおわかりになるでしょう。聖なる泉の半数が聖母マリアに捧げられたものです。

また、日本とアイルランドとの、宗教面での他の類似点として、十七世紀初頭、プロテスタントが奨励されたのに対しカトリックが弾圧されていたことがあげられます。その結果、宗教の慣例が崩壊し、民俗宗教が発達したのです。たとえば、人々は独自の祈りを創造しました。おはなしの語り継がれや祈りの豊かな伝統が築かれたのです。その伝統は、ほとんどローマと関係がないものなのです。

河合 それはとても興味深いことですね。日本にも同じような話があります。

M Irish Folklore Commission《アイルランド民間伝承委員会》のメンバーによって一九三七年に記録された話に、初期のアイルランドの英雄クーコランについての話があります。これは恐らくアイルランドでもっとも古い英雄伝説でしょう。クーコランが住んでいたとされる北アイルランドでは、この話が人々の間にもっとも根づいていると言えるでしょう。

そのほかの例としては、"Changeling"(取り替えっ子：妖精が、さらった人間の子どもの代わりに醜い妖精の子を残すとされた)の話があります。この話は、子どもが妖精にさらわれ、妖精の世界に連れていかれ、人々がその子どもを連れ戻すというものです。このような話はアイルランド全土で知られています。

河合 私はこういった話を子どもの頃に知り、とても感動しました。私だけでなく、私の兄弟たちもです。私たちは、登場人物になりきって遊びました。

日本には子どもが生まれると親はその子どもを置き去りにし、あとで拾いに来るという話があります。自分の子どもではなく、他の子どもを拾うという意味合いを込めてです。これによって子どもは健康で強く育つと信じられています。なぜかはわかりませんが、自分の子どもより他の子どもの方が健康だとされたのです。

先ほどの話はこれと反対ですね。

M　そうですね。アイルランドでは昔から、子どもが連れ去られないように十二分に気をつけるなど、子どもを大切に扱ってきました。赤ちゃんの揺りかごの横には鉄の塊を置くという風習があります。また、聖なる水のようなあらゆる物質が、無事を願って子どもに振りかけられました。聖なる水のほかに、塩や尿もです。尿は子どもを守る強い力を持っていると信じられていました。また、アイルランドでは子どもだけでなく、若い女性、花嫁も弱い存在と信じられています。このような風習は、信念を生活に取り入れた役立つ仕組みなのです。

河合　日本には、超自然の何ものかによって子どもが連れ去られるという話がありま

1930年代の民話採集の様子

す。"Changeling"の話で面白いのは、連れ去るだけでなく、代わりの子を置いていく、というところですね。

M　ごく一般的な話として、超自然的存在である妖精と人間の結婚の話もあります。また、妖精のすむ世界はとても魅力的で、すばらしい音楽が流れているという話もあります。

　ある人が森を歩いていると、妖精の砦《とりで》の前を通りかかりました。砦からはすばらしい音楽が流れていて、その人はそこに引きつけられて砦に入っていき、何年も行方不明になるという話です。しかし、元の世界に戻ると、たった一日二日しか経っていないのですが、極度の疲労を感じるのです。

このような話は多く存在します。ある女性が妖精の世界に入り、踊り続けたところ、人間の世界に戻ったときには足の指がすべてなくなっていたという話もあります。踊りすぎて足の指がぼろぼろになってしまったのです。また、人間が妖精の世界からメロディ（旋律）を教わるという話もあります。多くの優れた伝統音楽家は、メロディを妖精の世界で聞いたというのです。人間が、傷や痛みの癒し方、魔法、予言の知識を妖精の世界で教わるという話もあります。

河合　日本には、人間と妖精が結婚して子どもができると、その子どもは癒しなどの特殊な能力を持って生まれてくるという話があります。アイルランドではどうですか。

M　アイルランドでは、人間と妖精が結婚すると妖精の世界に行ってしまい、人間の世界からは消えてしまうとされます。もちろん、妖精にも子どもは生まれます。一般的な話として、妖精の子どもが生まれるときにも、人間の産婆が立ち会う必要があるといわれています。

こんな話があります。

妖精の妻が出産を控えていました。真夜中に、とある産婆のところに見知らぬ人が訪ねてきて、出産の立ち会いを依頼します。産婆は妖精の家に連れていかれました。丘の横に立つと丘が割れ、なかに入りました。赤ちゃんは無事生まれました。産婆は赤ちゃんの両親から、赤ちゃんに塗り薬を塗るように頼まれます。産婆が赤ちゃんに薬を塗った手で目をこすると、いままであったはずのすばらしい屋敷がぼろ家に変わるのです。産婆は目に入った薬によって妖精の世界、つまり真実が見えるようになってしまったのです。産婆は何も言いませんでした。産婆はお給金の金貨を受け取り、家に帰っていきました。

次の朝、もらった金貨をポケットから取り出すと、葉っぱに変わっていました。何日か経ち、町の定期市に行くと、お店からお店へ売り物を盗み歩く先日の妖精を見かけました。他の人には見えませんが、産婆には薬の入った目で妖精を見ることができます。

産婆は、「奥様と赤ちゃんはお元気ですか。どうして盗みを働いているのですか」と尋ねました。すると妖精は、「あなたはどちらの目で私が見えるのですか」

と尋ね、産婆が見える方の目を指差すと、その目に息を吹きかけました。その後、永遠に産婆はその目からものを見ることができなくなってしまった、という話です。

河合　子どものときに、その話を読んだことがあります。私は、この話は「真実とは何か」ということを示していると思います。私たちは現実と思われる世界にいますが、もしかすると本当の現実、真実は違うところにあるのかも知れません。また、一方から見るとある人はとても貧しい生活を送っているように見えて、他方から見るととても豊かな生活をしているということもあります。どのような目をもって真実を見るか、ということなのです。

M　民間伝承（folklore）は、人々に自分たちの世界を越えた可能性をもたらすものだと思います。貧しい人は同時に豊かにもなれるのです。アイルランドの民間伝承では、信じることは自由なのです。確信を持てないことも、とりあえず置いておき、自由に幻想の世界に入っていくのです。

河合　物語のなかで、男性、特に戦士は、とても力強い存在として描かれています。ときには男性だけでなく、女性も積極的な存在として描かれていますね。女性が男性にプロポーズする話もあります。このような女性の積極性について、どう思われますか。

M　先ほど申し上げた英雄クーコランのような初期の物語では、多くの場合、英雄が母親もしくは育ての母に戦法を仕込まれています。ですから、アイルランドの物語では女性が積極的に描かれ、女性が戦士としての役割を果たすことは珍しいことではありません。

また、女性が物語のなかで、英雄が戦う相手である魔女として登場し、悪のイメージで描かれることもあります。昔の人々の精神的な形跡として、非常に興味深いものです。英雄は魔女を倒さねばならず、また魔女もあらゆる魔法を使って英雄を倒そうとします。物語が語り継がれるなかで、このような考え方はとても奥深いものです。

河合　日本の物語では、キツネやヘビが人間に変身することがあります。それに関する説明はなく、ただ「変身した」と記されています。一方、グリム童話では、呪文や魔法によって変身したという説明がある。ケルトの物語では、魔法や呪文は出てきませんね。

M　アイルランドの物語では、変身という概念は自然かつ一般的なものです。変身の対象となるのは犬や猫、ウサギや鳥などです。また、動物が言葉を話し、人間の考えや感情を表現することで、人間に影響を与えるという話も多く存在します。アイルランドの物語では、長距離を移動するために英雄が鳥に変身することがあります。英雄が自分の身を守るために猛獣になることもあります。人間がある経験をするために鳥になっているケースもあります。人間と動植物の境界がキリスト教の考え方ほどには明確になっていないと考えられます。

河合　私は、このような考え方はキリスト教以前のものだと思います。キリスト教では、「神」「人間」「その他の生き物」は別の扱いになっています。しかし、キリスト教以前の考え方では、日本でもそうですが、人間と動物は隔たりのない同等な関係にあるので、会話をしたり、変身したりするのです。

ケルトの物語にも、キリスト教以前の考えが根づいているのだと思います。自然界が重要視され、人間も自然の一部として捉えられている。自然のなかで、神、人間、その他の生き物が共存していると考えているのです。

Ⅲ　ドルイド

安易な「平和論」

アイルランドでは様々なハプニングや出会いがあったのだが、なかでも出色だったのは「魔女に会わないか」という誘いだった。魔女には絶対に会いたいので、実際に会いに行ったのだが、これには感激した。魔女がちゃんと「WITCH《ウイッチ》」と書いた看板を出して開業しているのである。値段表まで掲げてあるから、また驚きだ。

この魔女の話と、ドルイドというケルトの古い宗教についてのレポートは、オカルト的な側面があり、この旅をテーマにしたNHKの番組ではあまり詳しく放送されなかった。魔女はタロットを置いて占っており、そんなところをうっかり見せると、私がまるでオカルト主義者のように映るだろうし、そういうことを調べるための旅だと思われると誤解を生むと考えたのである。

本題に入る前に余談をひとつ。

この取材の旅の直前に、私には偶然アイルランドのダブリンへ行く用向きができた。当時多方面から提唱されていた「ダイアログ・アマング・シビライゼーション」

の流れに沿った、あるアメリカの大学が主催したイベントに出席するためである。世界中が9・11の同時多発テロに震撼《しんかん》する前のことだ。その大学が、ダイアログ・アマング・シビライゼーションのためにエミネント・パーソン（私はエミネントらしい）を世界各国から呼び、グループを作ってディスカッションさせ、そこから何か結果を導き出そうという試みだった。私は、それにノミネートされたのだ。

それに対して私は、自分の最大の関心事でもあり、参加を即決した。実は、それまでも同じ主旨の会合に参加を慫慂《しょうよう》されてはいたのだが、当時は国際日本文化研究センターの所長をしていたこともあり、なかなかスケジュールが合わず行けずじまいだった。しかしそのときは、すでに同センターの所長を辞したあとだったのでスケジュールの問題は解消されており、さらにその会議はアイルランドのダブリンで開催されるとのこと、その会議のあとにＮＨＫの仕事をブッキングすることを思いついたのである。

勇躍会議に臨んだのだが、残念ながらその会議の成り行きに私はすっかり閉口することになった。話し合う内容があまりに甘っちょろいのである。

そこに集まっている人たちの意見は、言ってみれば「人に親切にすることはいいことだ」といった類《たぐい》のことなのだ。考えてみたら孔子さんも言っておられる、キリストさんも言っておられる、コーランにも書いてある、と。孔子は「仁」を説いているとか、キリストは「愛」だけど仏教は「慈悲」だとか。参加者にはその道の専門家が多いから、こういった事例を引用し、「これは共通」「これもある」「ここにもある」と、共通点が多いことに話は移行し、「これだけ共通点があるのだから地球上の人は平和に楽しく暮らせるのだ」という結論を導こうとするのである。

私に言わせれば、そんなのは当たり前のことだ。仏典や経典には「不親切はいいことだ」などとは滅多に記されていない。

私はこの会議にあとから入っていったひとりだし、しかも英語が下手なので言いにくかったのだが、思い切って自説を述べた。「そんなことを言ってもダメだ、話が甘すぎる」、「そんな認識では、いつか変なことが起こりますよ」と。しかし参加者たちは「お前、アホちゃうか」という冷たい視線を私に向けるだけである。

結局、どうしても話の流れに乗ることができなかった。「人類はひとつだ」とか「平和だ」と言ったところで、そんな言説はほとんど効力を持たないのである。そういう結論を出すのは勝手だし、「そうだ、人類に平和を」と言うのは結構だが、あまりにも安易な話し合いの内容に幻滅したのだった。平和はもちろん大切だ。しかし、余程掘り下げた議論をしないと意味がないのだ。

それから二年を経ずして、アメリカとイラクの戦争が始まった。

そんな会議を終えた二〇〇一年五月三十一日、NHKのスタッフと合流し、アイルランドとグレート・ブリテン島（イギリス）の南西端に位置するコーンウォールというところを巡る旅に出発した。コーンウォール地方にもケルト文化が残っているのである（ケルト文化はアイルランドやスコットランド、それにコーンウォール地方とフランスのブルターニュ地方などに色濃く残っている）。

またこの季節、ちょうど夏至のときにドルイドの祭りがある。彼らは自然を重んじているので、夏至などの自然界の節目を重視するのである。これを見ることも目的のひとつである。

「自然」という言葉

自然崇拝をその目的の柱とするドルイド。その実態に触れる前に、「自然」ということの意味、人間との関係を考えてみたい。

英語のネイチャー（nature）という言葉が欧米から入ってきたとき、これをどう訳すかについて、日本人はひどく困惑したという。

英語の「ネイチャー」は、人間という絶対的な存在とは区別される対象である。ところが、日本古来の考え方では、人間も「ネイチャー」の一部である。人間を除外した「ネイチャー」という概念は、日本には存在しなかった。これを曲げて、仕方なく「自然」という言葉をあてたのだが、もともとこの言葉は副詞で、その頃の日本語では「自然に」という形でしか使われていなかった。

「私」が確立していると、たとえば「私」が花を見て、「あぁ、花という自然がある」と感じる。これは西洋の見方だ。ところが、それまでの日本では「私も花も、自然に生きている」という使い方、考え方しかなかった。「自ずから然る」。そこには人間も含まれていたのだが、その「自然」を「ネイチャー」の訳語にあてててしまったので、その後日本人は混乱するのである。「自然に」というときは昔風に使っているのだが、「自然観察」というときには欧米的価値観の「自然」になってしまう。

自然をかたちづくる、その生成の根本を超自然的なものだと考えた場合、世界のすべては自然のなかに包含《ほうがん》されるだろう。そこでは神と人間、自然の区別がない。花のなかに神を見ることもあるし、人間に神を見てもいい。ところが、キリスト教の場合、自然を創ったのは「神」という自然の外にある存在なのである。神がいて、人間がいて、自然がある。それらは歴然と区別されているのだ。

さらにキリスト教の場合、神でありながら人間の姿をしている「キリスト」の存りようが問題となる。

イスラム教にはアッラーという神は存在するが、偶像崇拝を禁じているので、その神の姿は描くことができない。神は区別されているが、あとは人間も自然もみな一緒で、キリスト教のように神と自然の間に人間が入っていたりはしない。だから、神の座に人間が迫るようなことは起こり得ない。イスラムは、その戒律の厳しさでは異なるが、自然と人間の距離という点では、東洋の考え方にとても近いのである。

ヨーロッパのキリスト教では、間に人間が入ってきたまではよかったが、その後、その図式はスライドし、神の代わりを人間がするようになっていく。神の意のままではなく、人間の意のままにした方がうまくいくんじゃないか。そんな方向に進んでいくのである。

こういった考え方は、キリスト教特有のものだ。この延長線上に、自然科学が明確な形で打ち出されてくる。「人間と自然は異なる存在で、人間が自然を客観的に観察・考察する」という自然科学の考え方は、「神がこの世を創りたもうた」という論理とよく似ている。「神と世界」を「人間と自然」に置き換えているのだ。その後、人間はこうして生まれた科学技術によって「進歩」していくことになる。

科学は人間に恩恵を与えたが、その過剰な「進歩」は、人の心を不安にさせ、ついには地球自体を破滅に導く可能性すら出てきている。ゆえに現代を生きる人々は、自然との距離を見直そうとしているのである。そのお手本となるのが、アメリカ先住民ナバホであり、ここで詳述するドルイドなのである。

現代のドルイド

ドルイドとは、キリスト教が広まる以前、ケルト人たちが信仰した自然崇拝の思想とその実践者のことを言う。キリスト教の普及、支配に伴い、ドルイドは姿を消したが、現在のイギリスやアイルランドを中心に、自然との共生を求める人々によって、この思想・実践を復活させようという動きが大きくなっているという。

ドルイドを見聞するにあたって、まず私が抱いた疑問は、キリスト教が深く根づいたこの国で、文書を残していないケルト文化のドルイドが、たとえば儀式を執り行ったり祈りを唱えたりするのに、いったいどうするのかということだった。

私がドルイドの信者たちに「儀式の執り行い方など、指標になる文献がよく残っていましたね」と言うと、やはり何も残っていないのだという。要するに、みなが勝手にやっているのだ。だから、彼らは自分たちを「ニュードルイド」と呼んでいる。「それはズ、、、ルイド」と言いたいぐらいだが、彼らは自分たちが「伝承者」ではないことを自覚しているのだ。かつての儀式や教義などは一切残っていないのだから、そうするしかないのである。

では、なぜドルイドを信仰するのかと問うと、彼らは「ドルイドの考え方はいまのヨーロッパのみならず、世界に必要な考え・実践だと思うから集まっている」と応じた。なるほど、そういう考えのもとに集まり儀式を執り行っていたのだ。

六月一日から正味二十日ぐらいの間、私はケルト文化の残るいろいろな場所に出掛けていった。その間、昔話の取材や、魔女との対話、ドルイドの専門家とのディスカッションなどを通じて、ケルト文化を多方面から知ることになる。

そのドルイドが夏至に合わせて儀式を行うというので、私たちはイングランドのコーンウォール地方にあるグラストンベリーという町に出向いた。その辺りにはドルイドを信仰する人が比較的多く住んでいると言われている。この町には、都合のいいことに平地のなかにポカンと一つの山があり、儀式はその山の頂で行われるという。こちらの撮影・取材の申し出に対し、彼らはそれを快く了承してくれた。

グラストンベリーで行われたドルイドの儀式は、まず山の頂に向かって信者たちが斜面を上ってくるところから始まる。手には、幟《のぼり》くらいの大きさの、丸に十字をかたどった木のシンボルを持っている。

イギリスのケルト文化の名残のある地やアイルランドでは、丸に十字をかたどったものが多い。特に目につくのはお墓である。丸は太陽を意味し、十字は空気と火と水と大地の四つを表している。これは、日本で言う地水火風だ。つまり太陽と地水火風のシンボルをいただいているのである。恐らくこちらが先で、それがキリスト教の十字架と習合したのではないだろうか。

信者たちは、白いローブを着ている人が多いのだが、全員がその出《い》で立《た》ちというわけではない。ここが大切なところで、つまり、特に決められたルールはないのである。そういった粗末な白い布を纏《まと》うとドルイドらしさが出るという理由から選ばれたようなのだ。木の枝でできた冠を頭に載せている人もいる。一方、まったく平服で参加している人もいる。みな勝手なのだ。

そういった好き勝手な格好の隊列が山の頂付近まで上ってきて、リーダーらしき人物を中心に円を描くように集まる。いくら好き勝手とはいえリーダーはいて、その白い布を纏ったリーダーが、夏至の祭りの開催を宣言する。すると、地水火風に準じるのか、火の精のような格好の信者がパーッと出てきて、みなに水を振りかけ、祝福するかのような動きをしたかと思えば、続いて風の精が出てきたりする。あるいは、東を向いて祈ったり、西を向いて祈ったりと、方角・方位を意識した儀式が続いていく。

そのときに「あれ?」と思ったのは、祈る人がときどきカンニングペーパーを持って出てくることである。どうやら祈りの言葉を覚えていないらしいのだ。それを見ながらやっている人がいるかと思えば、最後に出てきた人などは大事なところを言い間違える始末である。面白いのは、そこでみんながワーッと笑うことだ。この言い直した人が、あとで私がインタビューするブリストル大学のハットン教授なのだが、こういった職業の人も参加しているのである。参加はしているものの、その先生は祈りの言葉を覚えられず間違えてしまい、みなから笑われるのだが、その「笑われ方」がいい。とても自然で、みんなが参加しているという親しい空気が流れている。

これは日本の儀式とはまったくの逆である。日本の儀式は、細部にいたるまで決まりごとだらけである。しかし、下手をするとそこには誰も参加していない。みなほかのことを考え、甚《はなは》だしきは段上の人まで参加していなかったりする。全部決められていて、それはきちんとしているように思えるが、その実、誰も参加していないのである。ところが、ドルイドの信者たちの儀式には、間違いもあるが、みなが参加してい

イギリス・コーンウォール地方グラストンベリーで行われた
ドルイドの儀式

るのだ。

儀式の最後には、みなで祈りを唱和するのだが、そのときに急にザーッと雨が降り出した。こういった天候は、この地方やアイルランドの特徴で、雨と晴れが急転する。こちらの天気予報は、「晴れたり曇ったり降ったりやんだり、ところにより時間により違うでしょう」などと言っているのではないかと思うほど、空模様の変化がはやい。

そのことも、現地の人たちの思考に影響を与えているのかも知れない。コンシステンシー（consistency ＝忍耐・調和）を重要視する文化が、この地方やアイルランドにはある。現地の気候と人々の動きを見ていると、「変わるなぁ」、でも「待っていたらどうせ晴れるんだから」という、そんなニュアンスを感じた。

グラストンベリーの後、今度はストーンヘンジへ向かった。

ストーンヘンジの儀式は、一種の見せもののようなものだから、たくさん見物人がやってくる。したがって、参加者もわりと格好をつけていて、平服の人はほとんどいない。白い布を纏い、丸に十字の飾りを持っている人もいれば木の枝を持っている人

ストーンヘンジで行われたドルイドの儀式

もいる。

見ていると、屹立《きつりつ》する岩のなかに入っていくときに、みな何かを祈るのだが、その祈り方は様々だ。五体投地のようにバタッと倒れて入る人もいるかと思えば、入口の左右にある岩を撫で、目をつぶる人もいる、空を仰いで天に向かって祈ってから入る人もいる。ともかく何かはするのだが、その様式は決まっていないのだ。これはなかなか面白いことである。

ドルイドは「宗教ではない」

こういった儀式を見たのち、ドルイド信者でもありドルイド研究者でもあるブリストル大学のハットン教授に面会した。

この方の話が非常に示唆《しさ》に富んだ興味深いものだった。

氏はまず、「自分は歴史と民俗学の双方にまたがる領域を研究してきた。それまでは、ケルトのことを調べていてもみな注目もしないし、関心も持たれなかったが、最近はそういうことに関心を持つ学生も増えてきた」と、ドルイドやケルトを巡る状況を説明した。

それを聞いた私は、儀式を見たときから感じていた疑問をぶつけてみた。「あなたは大学教授という身でありながらドルイドの儀式などに参加することに対して、大学側に『そんな馬鹿なことはやめてくれ』と言われたり、学生があなたを馬鹿にするようなことはないのですか」と。すると、「そういうことはまったくない」とのことだった。そして、こう付け加えた。「単なる知識としてではなく、自分の生き方や考え方、人生観をも入れ込んだ人間として講義をすることで、聴講する学生の数がとても増えた」と。イギリスでも日本同様に、聴講生の数を増やすことや人気を高めることが、大学側から課せられているらしいのだが、「ドルイドの歴史などについて講義する際に、単に『こういうことがありました』という事実を述べるだけでなく、自説を唱えたり、自分がニュードルイドに参加していることを説明しながらやった方が、むしろ聴きに来る学生は多い」とのことだった。「それだけ大学も変わってきた」と言っていた。

これは日本でも言えることではないだろうか。日本のアカデミズムには、実際的な生き方と関係なく、細かいことを調べて、それが細かく調べられているほどすばらしいという考え方があった。

それと同じ傾向がヨーロッパにもあったに違いない。ハットン氏は、それが少しずつ変わってきていると言う。ドルイドのことを調べているうちに、そういう意味からも、自分が実際にコミットすることが大切だと考え、儀式に参加することにしたのだそうだ。

しかし、「自分はあとから入ったので、もうひとつわからないところもあって、この間の儀式では失敗して笑われてしまった」とおっしゃるので、「それは、どうでした?」と訊いたところ、「あそこで失敗したときはゾッとしたけれど、みんなの笑い声に助けられた」と。「なんだ!」という突き放す笑いではなく、みんな一緒に、互いに失敗しながらやってますよという感じで笑ってくれたので、非常に助かったということを述べていたのが印象的だった。

私がさらにドルイドについて、「それは宗教なのですか?」と尋ねると、氏は「ドルイドは宗教ではない」と言う。「宗教ではなく、ある種の考え方の一致した者が好きなように入ってきているのだ」と。「そのある種の考え方とは何ですか?」と訊くと、それは「自然を大切にする考え方のことだ」とおっしゃった。

さらにハットン氏は、「ヨーロッパの近代、あるいはヨーロッパの人間は、自然というものを突き放し、人間がいかに自然をコントロールするかを思考の支柱としてきたわけだが、そうではなく、もっと自然と密着し、自然を人間と同等と考え、人間は自然と共存しているのだという世界観を持とうという者の集まりなのだ」と説明してくれた。「自分たちは一種の主義というか、考え方を共有する者の集まりであって、宗教ではない。つまり、そこには絶対者もいないし、厳しい決めごともないのだ」と言われた。

私はドルイドの儀式の際に、ある参加者に対し「あなたはドルイド教徒ですか?」と問うてみたのだが、「違う。自分はキリスト教徒だ」とその人は答えた。「キリスト教徒だけれど、ドルイドのために参加している」と。「あそこには仏教徒のドルイドがいる」と言うので訊いてみると、その人は仏教徒だった。なかには信じる宗教のない人もいるが、「自然を大事にしよう、自然と人間が共存しよう」という考え方を中心に集まった集団なのだと、みなが口をそろえて言うのである。

このことに関しては、私なりに疑問を感じるところもある。それは後述したい。

グラストンベリーでの儀式には、「始めます」とか「終わります」といった進行役を務めるリーダーが存在した。「チーフ」と呼ばれているという。そのチーフはどのように選出されたのかを訊くと、自然に決まるのだという。「どんな人ですか？」と問うと、この人は人の話をよく聞く才能を持っており、それをみなが評価したのだということ。これはとても興味深い話だった。

というのは、われわれが考える欧米のチーフやリーダーとは異質だからである。欧米のリーダー像は、まさに「リードする人」であって、「こういうことをやっていこうじゃないか」と方向を示す力があり、決断する力のある人たちだった。ところがドルイドの儀式のチーフは、人の話をよく聞くことのできる人だという。このチーフの職業は、いわゆる実験心理学とは異なるトランスパーソナルな心理学者とのことだった。

私は近くから、このチーフの行動を見ていたのだが、彼の起こした行動といえば、

「始めます」と「終わります」のかけ声をかけただけである。あとはほとんど何もしていない。ところが、彼がみんなのことをよく聞き、彼がそこにいることが大事なのだという。これは私が考えるチーフ像と似通っている。私は、「日本の神話の中空構造」ということを言っているが、この場合は中空的なチーフである。リードはしないが、みんなをまとめていく力を持っている。そういうチーフをいただくグループがヨーロッパに出てきていることは、とても興味深い。

では、参加者側はどうなっているのか。それは単純に「参加したい者が参加している」のだという。名簿を作ったりといったことはしない。ただ、夏至はとても大切なものだから、そのときに多くの人が集まってくるということだった。そして儀式を行い、またそこで参加者同士の交流も生まれる。

私は時間の関係で行くことは叶わなかったが、自然との共生を旨とするドルイド的な思考を持った人たちが集まって生活している場所もあるという。そこでは人々が自然のままに、電気も水道もないところで暮らしているというのだ。つまり、ひとくちにドルイドといってもいろいろなんだと。いろいろあるところがいいと言うのである。多様性を認めているのだ。

では、それに対し、一般の人はどう思っているのだろうか。

私は失礼ながら、「へんてこなオカルト的な人々だと思われているのではないか」と尋ねたら、特に他からの反発や反感を感じたことはないという。自分たちは、自分たちの主義主張を押しつけようとはしないし、ただそこに集まって自然を大切に思っているだけなのだから、と。反発どころか、参加者は増え続けているそうだ。信者はイギリス国内に限らずヨーロッパ中におり、その数は一万五千人ぐらいとのことだった。

儀式と仕事、遊び

グラストンベリーとストーンヘンジがドルイドの儀式を行う場所として選ばれた理由は、地の利だという。グラストンベリーには、先述したように小高い丘があり、その頂は儀式をするのに都合がいい。一方、ストーンヘンジはよく知られているように世界中から注目されている場所である。観光資源ともなるため、イギリス政府もここでの儀式執行を認めている。ストーンヘンジは恐らく宗教的な場所だったに違いないが、文書が残っていないため、この場所がどうしてでき、ここで何が行われたのかは、まったくわからない。

ドルイドの信者たちは「自分たちは、ストーンヘンジにまつわる宗教者ではない」と言う。ところが、この件についてはいくつかのもめごとがあった。「ストーンヘンジで古来からのドルイドを復活して儀式をしている集団がいる」などと言う人がいて、それは誤り伝えられたことなのだが、それを聞いた人たちから「そんなものが残っているはずがない。あいつらはペテンだ」と非難されたそうだ。

こういった事例に対して、ドルイドの信者たちは「われわれは初めから『そんなものはない』と言っている。新しいドルイドを起こすにあたって、この場所がいいからやっているのだ」と述べている。かつてのドルイドの人たち、あるいはケルトの人たちが自然とともに生きたことはわかっており、その精神を継いでいるだけであって、ストーンヘンジとは無関係とのことだった。

それを受けて私は「そうすると、あなた方がストーンヘンジでやっていることは何ですか？　儀式ですか？　遊びですか？」と訊いてみた。すると「あれは儀式だ」と言う。

私は、ストーンヘンジでの彼らの行為を儀式と呼ぶのは難しいのではないかと考えている。

オランダの歴史学者ヨハン・ホイジンハー（一八七二―一九四五）は、著書『ホモ・ルーデンス』（「遊ぶ人」の意）のなかで「人間の文化の本質は遊びだ」と記している。「人間が他の動物と違い、文化を持っていることの証《あか》しは、遊びを知っているところにある」と。たとえば「かごめかごめ」は、一見遊びのように見えるが、もともとは宗教的な儀式だった、というようなことである。宗教儀式が遊びに形を変えて現代に姿を残しているといった例が多く存在するように、人間は遊んで自由に動くところから自分を越えた絶対者、超越的な存在にどうつながっていくかを考え出したのである。その根幹部分としての「遊び」が一番大事だと唱えたのがホイジンハーなのである。

それまでのヨーロッパ、特にプロテスタントの道徳では「仕事」がもっとも上位に位置し、「遊び」は非常に価値の低いものだった。遊びは仕事の効率を上げるための休養なのだから、なるべく遊びをやめて仕事をしようというそれまでの考え方に対しホイジンハーは、「遊びの方が本質なのだ」と説いた。仕事などというものは、金が儲かったかとか、家が建ったとか、それらはただの日常世界の現象にすぎず、真にすばらしいこととは遊びを通じて神にいたることだとホイジンハーは言い、その頃から遊びが見直されていく。

そののち、フランスのロジェ・カイヨワ（一九一三―一九七八）という学者がホイジンハーの説を取り上げ、「遊びの意味を明確に位置づけたことは意味のあることだが、遊びを通じて絶対者に近づくとか、遊びによって人間の自由な心の働きが超越者につながるというのは、話が簡単すぎる。ホイジンハーは遊びと儀式を区別していない」と批判した。

カイヨワの考え方は明快で、儀式こそが絶対者につながる唯一の方法であり、次に仕事、遊びは一番下だと言うのである。

仕事というものは概して日常的なものである。その日常的な仕事と神に近づくための儀式との相違点は、儀式は一から十まで決められているところにあるという。たとえば、日本では神社に詣でると、「二回拝んで二回手を叩いて一回拝む」などと参拝の仕方が神社によって決められ、それ以外のことはやってはならないし、拝むときには白い服を着なさいとか、歩き方はどうだとか、こと細かく決められている。

それは仏教でもイスラム教でもキリスト教でも同様だ。

絶対者に近づくことは困難なことだから、そのために行われる「儀式」は細部まで決められているのである、とカイヨワは言う。

日常生活にも、ある程度の決まりはある。始業時間に遅刻すれば怒られる。しかし、怒られはするが絶対ダメということはない。ある程度は許容される。ところが、儀式をいい加減に行い、神様が「まぁ、よかろう」などと言うことはない。したがって、儀式がもっとも決められたものであり、その次に仕事＝日常生活がある程度の決まりを持つものとしてある。遊びにもルールはあるが、「この辺で帰るわ」と言ってやめてしまったところで、そうは怒られはしない。遊びが一番自由度が高い。儀式は、遊びに近い要素を持っていることがあるが、その二つが違うのは、決められているかどうかであり、だからホイジンハーのように遊びと儀式を混同して話をするのはおかしいというのが、カイヨワの考え方だったのだ。

円環構造

私はこれらのことを知って次のように考えた。

現代では、これらを簡単に区別することは難しい。なぜなら、「儀式を通じて絶対者に迫る」などということが簡単にはできないからである。神社へ詣で、二拝二拍手したら神様からお告げがあったなどということは滅多にない。また、たとえば仏教式の葬儀では、長くて意味のわからないお経を延々と聞かされる。その間、みんな何を思っているかといえば、「いつ終わるんだろう」とか「腹が減った」といったことで、儀式と呼ぶには程遠い状況である。

現代社会の問題は、儀式を通じて絶対者にいたる道が閉ざされていることにある。もちろん、いまもそれを信じている人はあるが、一般にはこれは難しいことだ。

現代人は総じて仕事は一生懸命するが、儀式にはいい加減である。仕事では「遅れたら大変だ」とか、ものを作る仕事なら正確さが要求されるように、人々は仕事の方に精力を使う。

また一方で、仕事はいい加減だが遊びにはひどく熱心、という人もいる。このことをどう考えればよいだろう。

私は、遊びを通じて絶対者につながっていく人もいるように思える。たとえばプロ野球を見に行ったジャイアンツファンなら、松井がホームランを打てば「ギャーッ」と喚声を上げるだろう。あの「ギャーッ」と、神社でパンと拝んでいるときと、どちらが心躍るかといえば、「松井神社」の方が余程すごいのではないだろうか。そのときに奇跡を感じる人さえいるだろう。「逆転ホームラン、奇跡だ」。「神様・仏様・稲尾様」などという言葉が生まれたのは、遊びが儀式を超えた体験を人々に与えている証しでもある。

こういう面白いことが起きているのは、また、現代がとても難しい時代であることをも意味する。本来的な意味における宗教体験が、ほとんど不可能になってきているのである。

私は、カイヨワの言う儀式、仕事、遊び、という順列はおかしいと思う。そうではなく、この三つは円環関係だと考えている。お互いが円上につながっているのであって、「そのうちの一ヵ所だけが絶対者につながる」という構造にはなっていないのだ。その証拠に、儀式を仕事としている人が世の中には存在する。日本で言えばお坊さんのなかにはそんな人もいる。お経を唱えてもらっている側も、仏の御心を感じるためというよりは、「この長さだったらお布施はいくらか」などと考えている。これは完全に仕事だ。

また、仕事を遊びと考えている人もいるだろう。仕事が面白い、楽しいと感じる人は少なくない。さらには、遊びが仕事になっている人もいる。プロ野球選手などは、その一例だろう。

では、遊びを通じて儀式にいたる人はいるだろうか。

結論から言えば、私たちが心理療法を行うときに、この流れを感じることがある。私たちは遊戯療法の現場で子どもと遊ぶことがあるが、そんなときがいい例だ。

こんな自閉症の子がいた。その子と遊びをしようと思い、部屋に「お入り」と言うと、その子はスッとは室内へ入ってこない。まず部屋の四隅を順番にポンポンと叩いてまわり、それからおもむろに遊びはじめたのである。その子は、この部屋を聖なる空間にするために、その部屋の四隅を叩くという自分で考えた儀式をやっているのだ。それをしなければ、その子は絶対に遊ばない。それは、この部屋で自由に遊ぶための儀式なのである。

私たちがなぜ遊戯療法をするかといえば、好きなことをさせる方が、かえって面白い儀式が現れることがあるからである。親に虐待されているような子が箱庭のなかでバーンと相手をやっつけたりすることがあるが、これも一種の儀式だと思われる。そのことによって自分が癒されていく。また次の回も来てバーンとやっつける。それをせざるを得ないのだ。他の方法はなく、それをするより仕方がない。その迫力をこちらも感じる。そして、そういった子たちは遊びを通じて儀式にいたり、儀式を通じて絶対者にいたっている。癒されていくというのは、そういうことなのだ。

儀式、仕事、遊びの三要素はグルグル回っている。カイヨワ的に言えば、遊びが下位で、日常（仕事）、儀式、絶対者という図式なのだが、実はグルグル回りのどこからでも、絶対者につながることができるし、どこから転落することもできる。そういう人生を現代人である私たちは生きているのではないだろうか。

だから、仕事を通じて絶対者にいたるような人もいるようだ。たとえば、懸命に鏡を磨いているような人や、レンズを作るような人。職人が他の者には絶対にわからない細かいところまで完璧に仕上げようとするとき、仕事は儀式でもあり、遊びでもあり、さらには絶対者にいたる道でもある。これは日本にとても多い例で、日本人には仕事に大きな意味を見いだしている人が多い。刀鍛冶などもその典型である。刀鍛冶は仕事にかかる前に神様を拝む。プロ野球選手も、シーズン前にみなで神社へ参る。あれが宗教体験につながらないとは言い切れない。

現代は、遊びと儀式と仕事が円環構造になっており、その円環構造から抜け出るにしろ抜け落ちるにしろ、どこにでもその入口はあるという面白い時代だと思われるのである。

クリエイトする難しさ

そういう構造を持った現代において、ドルイドの信者たちは何をしているのか。ドルイドの特徴のひとつに「ルールがない」ことがあげられることは、前述した。

彼らは「自然を大事にしよう」という心を持って集まり、儀式を行う。ハットン教授に言わせれば、その心を持ってストーンヘンジへ入ろうと思えば、何らかの行動を起こしたくなるのは当然なのだそうだ。聖なる空間に入るという気構えがあるからだ。そのとき、大地にひれ伏すのか天を仰いで祈るのかは本人に任せてあるという。

それを聞いて私はハットン教授にこう言った。「それは、カイヨワ風に言えば、儀式ではないように思う。みんな勝手にやっているのだから、遊びなのではないか。もちろん仕事でもないだろう。しかし、私の考える円環構造を前提にすれば、あらゆる場所から絶対者へ通じることができるのだから、その人の心の在り方によっては、それは儀式になりうるのではないか。その辺を、みなが自覚しないといけない。前の人の真似をしていればいいというようなものではない」と。すると教授は「私たちは何の気なしにやっていたけれど、それを聞いてよくわかった」と、えらく喜んでおられた。

これからの宗教的な問題として、これはとても大事なことだと思う。

ハットン氏は続けて、「私たちは、儀式的なものは決めごとにするのではなく、クリエイトしなくてはならないと思っている」と言った。

夏至の祭りのときには、儀式の前日に信者たちが集まり話し合いをして、儀式の段取りを決めるのだそうだ。前の年は火の精を演出したので今年も、ということではなく、今年はどうするのかをみなで話し合って決めるのだと。その話し合いがなかなか大変なのだそうだ。それこそチーフが、みんなの言うことを聞いているうちにまとまっていくのだろう。

私はこのことを非常に面白いと感じた。儀式とは、カイヨワが言うように決まったものであることは確かだが、下手をすると形骸化《けいがいか》してしまう。形骸化した儀式は、嫌われるだけだ。「あいつは儀式ばっている」とか「儀式的だ」といった言葉は、マイナスの意味で使われることが多い。「形だけは整っているが心がない」ことを換言している。だから、儀式をクリエイトする場合には、みなを全面的に参加させなくてはならない。

「これからの儀式は、クリエイトする方が本当ではないか」というハットン氏の言葉はなかなか興味深い。「宗教」あるいは「宗教的」といっていいかどうかはわからないが、自分たちで新たなものを作り出していこうという姿勢に、大きな共感を覚えた。

しかし、ひとつだけ残念なところがある。クリエイトするといえば聞こえはいいのだが、それは下手をすると猿知恵になると思うのだが、どうだろう。

たとえば、先ほどのストーンヘンジへの入り方だが、ある者が五体投地のような動きをしたとする。でも、それはどこかで見た、あるいは習ったことだろう。本当に大地と一緒になることのできる、自然と一体となるような儀式をやろうと思うと、たいへんなことになる。

このことを考えるとき私は、芸術というもののすごさを思う。決まりきった宗教的儀式では、人間の心を絶対者に届けることは非常に難しいが、芸術ならば、それが可能なのではないか。芸術家とは、そういうことのできる人だ。

私たちはどうしても猿真似や物真似しかできない。しかし、芸術家には物真似ではないことをできる人がいる。もちろん芸術家のなかにも怪しいのはたくさんいるが、これはもう人間である限り致し方のないことだ。宗教家でも芸術家でも教授でも、怪しいのはいっぱいいる。芸術のすごさとともに、本物とはどういうことなのかをも考えさせられた話だった。

ナバホとドルイド

私は、もうひとつの疑問をハットン教授に向けた。「山の頂やストーンヘンジで見せてもらった儀式は、僕がアメリカで見てきた、アメリカ先住民のやっていることにアイディアも行為も似ているような感じがするのだが」と。すると教授は、「その通りだ。われわれは彼らの様式を取り入れている」と言う。そして、実はドルイドの人たちは好きなように振る舞っているが、ときには勉強会のようなこともしており、そのときにアメリカ先住民を招いて話を聞いたりしているということだった。ナバホであれアパッチであれ何であれ、感じるところのあるものは取り入れているのだと。それを聞いて私は、深く納得した。

アメリカ先住民ナバホの人たちは、真の意味で自然とともに生きている人たちである。私が実際にナバホの人たちのところへ行き、「ナバホの宗教は何教というのか?」と問うたら、その人は「宗教という言葉はない。生きていることが、すなわち宗教だからだ」と答えた。「人間が土の上に、大地の上に立っているということは、考えてみればすごいことではないか。朝起きるということも、太陽が上がってくるということも、みなすごいことなのだから、それらひとつひとつが宗教だとも言える。自分が生きていることイコール宗教なのだから、特別に宗教などという言葉はいらないのだ」と。

それに対して、「白人の方々のはパートタイム・レリジョンだ」と言っていた。「彼らは教会に行ったときだけ『宗教』をやって、あとは勝手なことをやっている」と。うまい表現をするものである。「われわれはそうではなく、生きていることそのものが宗教なのだ」。

そういったことを私はナバホの人と話し合っていたので、ドルイドの信者たちが、それを取り入れていると聞いたときに、すぐに納得したのである。しかし、私の胸中には別の疑問が同時に浮かんできた。

ナバホは確かにすばらしい思想を持っているが、ナバホを巡る環境は、難しい局面を迎えてもいる。ナバホの年輩者たちは白人社会のなかで必死になって彼らの文化・伝統を守ってきたけれども、若者たちはなかなかそれを守れないのである。

というのは、彼らの周りには彼らの興味を引くものがたくさんあり、特にテレビがもたらす情報は、彼らを白人文化へと駆り立て、英語世界へと誘引する。すると、ナバホの若者たちはナバホの言葉をしゃべらなくなり、英語を覚え、居留地の外へ出ていくというのだ。弁護士になる人もいるし、町で商売を始める人もいる。そうすると、ナバホの伝統や習慣などうるさくて仕方がない。そんなことが起こっているのである。

そのことを、ドルイドを信奉するハットン教授に訊いてみた。

「あなた方はアメリカ先住民に学んでいると言うけれど、彼らは町へ出たがり、ナバホの文化を忘れ、ガソリンスタンドで働いたりしているのですが、これをどう思いますか?」

これは私にとって深刻な問題である。なぜなら、これから日本人はどうすべきか、われわれはいったいどういう生き方をするべきなのかという問題と深く関連しているからである。

ハットン氏はこう返された。「それはそれでいいでしょう。われわれヨーロッパの人間が、いまアメリカ先住民に学ぼうとしているのだから、アメリカ先住民も、もう少し欧米の文明に倣《なら》ったらどうですか。学習したらどうですか」と。

そう言われれば「あぁ、なるほどな」という気がするが、単に「なるほど」と言ってはいられない。どこが「なるほどではない」のか。

文化というか、生き方という観点から欧米の人たちとナバホの人たちを比較した場合、どちらがすごいのかはわからない。しかし、文明という観点から見れば、欧米の方がはるかに高い。科学技術の次元で考えれば、ロケットも人工衛星も何もかもを持っている。そうすると、仮にナバホの人たちが欧米に学ぼうとしたら、彼らがナバホのものを持ちつつ欧米のものも持つなどということは恐らく不可能だろう。何かを捨てなければならない。

一方、欧米人は、これまで自然との共生という道を捨てて文明を築いてきたが、いま自然が大切だと気づき、自分たちの生き方にナバホの知恵を取り入れようとしている。それは結構なことかもしれないが、見方を変えると、文明を築いた欧米の人が、知恵としてアメリカ先住民たちのものを取り入れ、その知恵を使い、互いの優れたものを学び合おうとするとき、アメリカ先住民の側だけが自らの知恵を捨てなければならないという状況が生まれはしないか。要するに、欧米文明の一番下に入れてもらうことになるという状況を危惧《きぐ》するのである。

このことは、われわれ日本人に重要な示唆《しさ》を与えてくれる。

いまグローバリゼーション時代などと言われ、日本もそれにワーッと乗って喜んでいるが、日本人はその流れのなかで、いまあげたナバホの例を地で行くかのように、自らが持っていた知恵や文化を忘れてしまっている。挙げ句の果てに、欧米に何とか追いつこうとするうち、結局は欧米が先頭にいるその列の最後尾につくしかなくなってしまった。なぜなら、欧米人的な強さ（利己主義ではない個人主義や、社会・組織と対等な確立された「個人」）を日本人はまだまだ身につけていないためである。

そう考えると、ハットン氏のような欧米人たちが、ナバホの人であれ、アイルランドの人であれ、あるいは日本人であれ、そういう人たちが持つ文化を取り入れようとするときには、何かとてもいびつなことが起きるような気がするのである。

われわれ日本人はこれからどのように生きていくべきなのか、それはなかなか難しい。日本人がこれまで培い持ってきたものは面白く、これを失ってはならないのだが、そのことに慢心しているとナバホの人たちと同様の運命をたどってしまう。日本人固有の感性、土台を持ちながら、欧米の知恵や文化をそこに重ね合わせていくことに努めるべきであることを強く自覚しなくてはならない。

ハットン教授との会話を通して、私はそのことを痛感した。

ハットン教授との対話

河合 先日、あなたがドルイドの儀式に参加されているのを拝見しました。あなたはいつ、どのようにしてドルイドに興味を持つようになったのですか。こういう言い方ができるとするならば、いつ、どのようにしてドルイド信者となり、儀式に参加するようになったのでしょうか。

H 私がドルイドに興味を持ちはじめたのは一九九〇年代半ばのことです。それまでは、魔女に興味がありました。なぜなら、魔女は現代における異教徒のなかでもっとも興味をそそられるもので、なおかつ大勢いたからです。それに比べるとドルイドに取り組む方が遥かに容易でした。より安全でしたし、公のものですから、面倒も少ないのです。

また現代のドルイドの人々は、ドルイドの歴史に関する私の書物に好意的で、私に対し名誉あるドルイドの称号を与えてくれました。彼らからとても美しいローブをもらったのです。私は普段でも学生に学位を与える際にローブを纏《まと》います。つまり、伝統的な儀式に参加しているわけです。ですから、ドルイドでの儀式も、私にとって特別なことではありません。

またイギリスでは、ドルイド信者であることは、宗教を持つことではなく、精神面での伝統を所有することなのです。ですから、キリスト教信者のドルイドもいれば、それ以外の宗教を信じるドルイドもいるのです。また不可知論者のドルイドもいます。私は喜んでこの不可知論者のドルイドになろうと思っています。

河合 正直に言えば、私は当初、ドルイド信者に対して、狂信的なイメージを持っていました。しかし、実際に彼らに会ってみて、その危惧は取り除かれました。

H 私もあなたと同じような不安を抱いていました。そして、あなたと同じようにほっとしたものです。

河合 あなたが儀式に参加したのは、今回が初めてですか。

H 初めてではありません。しかし、大役を仰せつかったのは初めてでした。儀式に参加せずしてドルイドの研究は不可能です。

河合 ドルイドの基本的な理念とは、どのようなものですか。

H 自身を大地と再結合させたいと願う気持ちを持つことです。それは、われわれが生きていることを実感するためにです。また国の長い歴史を踏まえたうえで、そうしなければなりません。この強力な力が自身の先祖である、という考え方なのです。

日本を含めた多くの国においては、これは自然崇拝における大きな影響力を持っています。しかし、イギリスでは、このような理念は遥か昔に忘れ去られてしまいました。その原因のひとつには、強い権力を持つ教会が存在したことがあげられます。イギリスには長い間、信仰の自由がありませんでした。また、産業革命の到来により、古い慣習が打破されていきました。いまではグローバル・ビレッジも存在し、原型に戻そうとしているわけです。

河合　その理念に興味のある者、賛同する者が参加するのですね。私が見た儀式では、リーダーのような人がいたと認識しています。ドルイドにはリーダーが存在するのですか。

H　はい。しかし、彼は心理学者で、他人に話をさせるのがとてもうまく、賢くて物腰の柔らかい人物です。その彼が、「ドルイドの役割は平和をもたらすことにあるのだ」という、すたれていた道理を復興させ、再び息を吹き込んだのです。もちろん心理学者としても、多くの人に平穏をもたらしています。

河合　彼のことを、みなは「チーフ」、もしくは「リーダー」と呼んでいるのでしょうか。そして、その人の役割は何ですか。

H　「選ばれたチーフ」と呼ばれています。この「選ばれたチーフ」という言葉は、非常に重要なのです。なぜなら、それは、世襲制でもなく、自らの権力をたたえて本人がその権利を主張するわけでもありません。あくまでもみなに選ばれたチーフなのであり、民主主義的な道理にかなっているのです。そして、チーフの仕事とは、「質問に答えること」だけです。

河合　まるで心理療法家の私のようではないですか。

H　その通りです。権限は各地域のグループに与えられています。彼らが、自らの方針を決めるのです。なかにはすべてを決めてしまうような、非常にカリスマ性の高いロマンチストのチーフが存在するグループもあります。

ドルイドのグループは複数存在します。それぞれの関心事も異なっていて、哲学や詩的感興を伴いながら平和であることに力を注いでいるところや、詩情に力を入れているところなど様々です。あなたがストーンヘンジでご覧になったのは、なかでも最大規模のドルイド・グループです。世界的に見ても最大規模のグループでしょう。何千人もが参加するグループです。

私の所属するグループは学問的なアプローチをしています。大学教授などアカデミックな人間が多く、とても居心地がいいですね。他のグループにも参加したことがありましたが、そこでももちろん歓迎してくれましたよ。

河合 グループのメンバーとは、どのように交流するのですか。

H 文書でやりとりをしています。チーフなどが文章を書き、メンバーは毎週それを読んで返事を書きます。何千人というメンバーがいますが、ほとんど面識がありません。ただ、グループで作業をする場合もあります。

河合 ケルト起源のドルイドに対するアングロサクソン系の人々や知識人の反応はどうですか。

H ドルイドはイギリス人にとってなじみのあるものです。歴史上、ドルイドは知識人や魔術師などが多く、人々の尊敬の対象となっていました。ですから十八世紀、イギリスとスコットランドが合併したとき、ドルイドは共通のものとして都合がよかったのです。ウェールズ人、アイルランド人、スコットランド人にとっては土着のものですが、イングランド人にとってもなじみが深く、ドルイドを通じてイギリス人としての統一感を達成できたのです。

ドルイドになるのは現代でも難しく、その知識や修養の段階によって三つのレベルがあります。はじめは儀式を行ったり、詩を書いたり、楽器を演奏したりして自分自身を表現するだけですが、最上階級には、武士道のように厳しい精神修養が必要となります。人にどう語りかけるか、どのように他人を幸せにするか、自然に属するとはどういうことなのかを語らなくてはなりません。

河合　日本の神道に関心がおありだそうですが、ドルイドと比較してみてどうですか。昨年、私はアメリカ先住民のナバホ族を訪ねたのですが、メディシンマンの信仰とドルイドとに共通点を感じました。

H ドルイドと神道はたいへんよく似ていますが、それはまったくの偶然です。ドルイドとネイティブ・アメリカンとの共通点が多いのは偶然ではなく、現代のドルイドが真似をしたからです。神道は何百年という日本文化に根づいたものですが、ドルイドは書物のなかの伝説にすぎず、そのイメージは少数のイギリス人に共有されているにすぎません。しかしそれだけでなく、ドルイドには祖先、土地の神、語り継がれる伝統に対する強い感情があります。ネイティブ・アメリカンも同様に祖先を尊び、土地の神を敬い、自然のなかに神々が存在します。また西洋の先進キリスト教社会に侵略され、それに抵抗したものの、結局支配されることになるという経緯も同様です。

ドルイドは体系を整えるためにネイティブ・アメリカンからアイディアを取り入れたのです。ネイティブ・アメリカンの先生がグラストンベリーに来て、ドルイドに「語る棒（トーキング・スティック）」の使い方を教えたことがあります。それ以来、ドルイドではこの棒を使うようになりました。また、ドルイドの儀式でサークルの四点を拝み、動物を呼ぶのは、ネイティブ・アメリカンの儀式から取り入れた方法です。

イギリス・ブリストル大学
ハットン教授と対話する著者

ドルイドは、いい考えは「盗んで」取り入れるのです。オープンなのです。それゆえ、また、ナショナリズムやセクト主義とは無縁でもあります。

河合 狂信者が入会したときはどうするのですか。

H 文書のやりとりをするうちにいなくなります。書いてくる答えを見ればわかりますから。そういう人には専門家に会うことをおすすめします。

河合 チーフは心理学者ですからね。物語や詩はドルイドにとってたいへん重要ですが、物語はいまも語られていますか。また物語の真実性についてどう思いますか。

H 現代ドルイドは物語に重点を置いており、物語は心理学者やチーフによって語られます。古代ドルイドについてはわからない点が多いのですが、それはむしろ現代のドルイドに自由を与えました。誰も間違っているとは言えないのです、古代ドルイドについてはほとんど謎なのですから。そこで物語や登場人物が重要になってきます。現代のドルイドは歴史家より正しいと思います。歴史家は何が真実かだけを追い求めますが、ドルイドは物語を実際に行動に移しますから。

河合 人間は「自らの物語」を生き、創り出せると私は思うのです。

H 物語を語ることで収入を得るドルイドもいます。アナ・アドマンという優れた語り手がいますが、自宅でドルイドを実践し、語り手として生計を立てています。二千年前の伝統が現代に蘇《よみがえ》ったとも言えるでしょう。

河合　伝統の再構築ですね。伝統というと厳格で従うべきというイメージがありますが、伝統は未来に向かって変化すべきだと思います。

H　変化しないものは滅びる運命にありますから。

河合　先ほど、ドルイドでは詩が重要視されているという話がありましたが、また一方で「平和」もたいへん大切なテーマとしている。しかし、ドルイドの神話には多くの戦いや男性的な戦士が登場します。

H　古いドルイドは神話を忘れ、神話の一面にしか目を向けませんでした。しかし、神話を守り続けたドルイドも存在しました。ドルイドの主任務はもともと戦士だったのです。戦いは土地を守るためのものでした。町の破壊に立ち向かい、警察や政府の干渉から市民の自由、権利を守ろうとしたのです。

河合　そういう要素はあるものの、ドルイドの基本的な考え方は女性的ですね。

H　古代日本人もそうですが、古代のイギリス人やアイルランド人は、土地を守るのは女神であると考えていました。ドルイドで土地の女神が登場するのはそのためです。対立はなく、男性中心社会で戦士が戦い、王が土地の守り神である女神と結婚するのです。

河合　グラストンベリーでの儀式とストーンヘンジでの儀式には、少し違いがあるように感じられました。

H　ドルイドの儀式は、その都度新しく創られるので、すべて異なります。それはドルイドの精神修養の一環なのです。同じことの繰り返しはなく、その都度創り出さねばなりません。それはとてもたいへんなことです。

二つの地で儀式が異なったのは、グラストンベリーは静かな平和な地で誰でも入ることができますが、ストーンヘンジは対立、戦いの地で、神々がいて、なかに入るには許可が必要だという違いからきています。ロンドンの女性がカバラ（口承されたユダヤ教の密教的部分）に基づいてグラストンベリーで儀式を行っていますが、彼女はカバラのほかにエジプトの考えも取り入れています。古代アジア、古代イスラエルの要素がネイティブ・アメリカン、古代ケルトの要素に加わったのです。

河合　しかしそうなると、いわゆる儀式とは違いますね。普通、儀式とは繰り返される、不変のものですから。また、あなたもある意味では様々な考えを「盗んだ」と言えますが、それをどう融合していくのですか。

H　それは個人の裁量によります。現代のドルイドはインターネット宗教とも言えます。世界村の宗教で、誰でも入ることができます。イギリスに来た日本人の仏教徒や神道信者も、ドルイドになることができます。仏教、神道とドルイドの要素を融合して行えばいいのです。ドルイドでは、人によって必要なものが違うと考えます。ある人は宗教性や救いを求めるが、ある人は解放を求める、というように。

河合　日本には多くの儀式があり、厳格に守られていますが、その精神は失われて形骸化しています。しかし、儀式は人間にとって大切なものです。

オランダ人哲学者ホイジンハーは遊びについて、「遊びは神に到達する道である」と言っています。フランス人哲学者カイヨワは、遊びと儀式について、「遊びは自由であり、儀式はそうではない」と述べています。

カイヨワの理論はこうです。儀式、日常生活（仕事）、遊び。日常生活には制約もありますが、遊びでは一切が自由です。だから自由の度合いはだんだん強くなります。儀式に自由はありません。日常生活から儀式、そして儀式を超えたところに精神《スピリット》があります。

私の考え方ですが、特に現代では、儀式・日常生活・遊びは円を描く。現代では儀式は硬直化しすぎ、精神の高揚が妨げられています。遊びも少し儀式的要素を取り入れ、遊びと儀式を通じて精神に到達すべきだと思います。

こんにち、日常生活から儀式に向かうのはたいへん難しい。日常生活から遊び、そして儀式へ。ドルイドはまさにこの形ですが、同時に日常生活から儀式へ向かうルートもある。とても自由です。

儀式で自身が解放されると、とてもいい気分になりますが、「正しくあらねば」と考えすぎると「精神」が失われてしまう。その点、ドルイドは儀式と遊びの中間にあるように思われます。

H 儀式の多くは檻《おり》のようですが、ドルイドは火山のようです。内面の火のような感情を押し出すのです。

河合 チャーチルもドルイドだったと聞きましたが……。

H 熱烈なドルイドではありませんでした。十八世紀に発足したドルイドのメンバーで、英国ナショナリズムをうたい、芸術に傾倒しましたが、精神的な儀式は行いませんでした。現代のドルイドも同様の活動をしますが、精神的な側面が強くなっています。

河合 現代では、科学と技術が圧倒的になりました。ナバホを訪れた際、特に若い世代が外からの影響を受け、伝統からまったく切り離されているのを見て残念に思いました。あなたの行動はとても意義があると感じますが、科学技術や理論に逆行する奇妙な行動だという意見もあると思いますが。

H バランスの問題だと思います。ある意味ではナバホの若い世代は正しくて、それは伝統＝貧困・無知となり、そういった人々が社会の下層を成していたからです。若い世代が望むのは権力やお金、社会での地位です。だから、ナバホの若い世代も、職と住むところを得られれば、伝統に回帰すると思います。現代のドルイドも二つの面を持っています。普段は裕福な生活を送る人が、週末だけ質素な生活に戻り、健全であろうと努めるのです。

河合 そこに矛盾は生じないのですか。

H ありません。ドルイドはポストモダニズムに立脚しているので、現代工業社会の恩恵を否定しないのです。

河合 本来、人間は土地や自然との結びつきが強く、科学を生み出す必要はなかった。歴史上、キリスト教国だけが科学技術を生み出し、日本はそれを真似したために矛盾を抱えています。いわば、男性の理論と女性の理論との矛盾です。この矛盾をどのように解決すればいいのでしょうか。

H こんにち、人と自然の関係は中世と逆転しました。かつて自然は強大かつミステリアスで、疫病や飢饉《ききん》に人々は悩み、自然をなだめようとした。いまは逆に人間の強さゆえに自然が駆逐《くちく》され、自然は保護すべきものになったのです。

河合 自然に強く結びつきすぎると、科学という発想は生まれません。科学が生まれるためには、自然から脱却し、客観的に観察する必要があります。日本人の考え方は自然に根ざしたものが多いので、自然と一体感を持ったまま観察や操作を行ったために、矛盾が生じたのです。

H　それは古典的な問題です。古代のアイルランドやイギリスの伝説には、すでにそういった緊張関係が存在しています。そこには、大地、海、山の神が登場しますが、ほとんどの神々は人として機能しています。たとえばアイルランドの最高神リューフは、詩人で鍛冶屋、戦士、預言者でもあった。つまり人であり、自然そのものではありませんでした。ドルイドは自然と人間の双方に立脚しています。これは永遠のテーマだと言えるでしょう。

河合　人間は矛盾を抱えているべきだと思います。矛盾がなければ生きているとは言えないと言ってもいいでしょう。矛盾との闘い、矛盾を抱え続ける努力が、人間には必要です。自然と科学技術、どちらも重要でしょう。日本人は土地に、より強く結びついており、西洋のように対話することなく黙って土地と共存しています。

H　ドルイドの考える一体感（unity）、単一性（oneness）はもう少し複雑で、多様性を超えたところに単一性があると考えます。共存、尊敬という考え方は理解できますが、たったひとつの方法しかないというのには疑問を持ちます。ドルイドの儀式が様々で、変化するのも、そのためです。私たちは最良の方法を探して、古代アジア、古代ギリシャ、古代ローマ、ネイティブ・アメリカン、オーストラリアからも要素を取り入れてきました。ドルイドをひとつの国の宗教と呼ぶことはできません。様々なつながりの一部なのです。

Ⅳ 「魔女」とレイライン

「ウィッチ」という職業

イギリスのコーンウォール地方にあるペンダンスという町で「魔女」に会うことができた。ここには「魔女（witch）」という職名で開業し、生計を立てている人が何人かいるのだ。人々は困ったときは「魔女」を訪ね、一時間いくらの規定の料金を払う。そのような「魔女」の一人が会ってくれるというので、早速訪問することにした。

かつて「魔女《ウィッチ》」という言葉は、プラスイメージとマイナスイメージ、両方を併せ持ったものだった。もともとのウィッチはシャーマンのような存在で、みなの知らない知恵を持ち、予言をしたり薬草の知識を授けたりしていた。女性が強い母権的な時代には、ウィッチはむしろワイズ・ウーマンに近いニュアンスで捉えられていただろう。「魔」は不思議な力を持つということで、別に悪い意味はないはずである。そこへキリスト教という父権的な宗教が入ってきた途端、ウィッチは大きなマイナスイメージを負わされてしまったのである。

キリスト教が勢力を増していく過程に、世の中が不安になるようなことが重なった十三世紀頃、スケープゴートとしての「魔女狩り」が行われた。この魔女不遇の時代は十七世紀頃まで続く。その間に、魔女を糾弾《きゅうだん》したり、魔女を見つけ出すための本などが次々と出版され、魔女の地位は貶《おとし》められていった。また集団ヒステリーなども容易に引き起こされ、その犠牲になって殺された魔女（あるいは魔女の疑いをかけられた人）が多数いたのである。ジャンヌ・ダルクも魔女ではないかという嫌疑をかけられ、殺されている。

スーパーパワーを持っている人は、尊敬されるか、嫌悪されるかのどちらかだ。それは歴史が証明している。

そういった過去を踏まえたうえで、いまわざわざ「ウィッチ」と名乗る人たちはむかしむかしの「ウィッチ」であり、人々の持ち得ない知恵や能力を持った者として開業し、人々の助けとなっている。

私が会った魔女は、革のジャンパーを纏《まと》った迫力のある女性だった。その一方でユーモアにも溢れた人だった。玄関にホウキを飾っていたり、仕事場のなかに人が入るとカエルの鳴き声がする仕掛けを施していたりと、なかなか凝っている。

私が挨拶をすると、「せっかく日本から来たのだから、私がどんなことをしているのか見せてあげよう」とその魔女は言う。「いいんですか」と訊くと、「友だちで相談に来たいと言っている人がいて、その友だちは撮影は構わないし、気にしないから」と言うのだ。それは有り難いと、彼女の仕事ぶりを見せてもらうことにした。

ほどなくその相談者＝友だちがあらわれ、「じゃあ、やりましょうか」と始まった。話の導入のためにこの魔女は、タロットを用いる。

タロットとは、多種類のキャラクターが描かれたトランプの前身のようなカードで、占いに使われるものである。それを相談者の前に置いていき、魔女はそれを凝視しながら、「あなたは南の方角に何か予定があるんじゃないですか？」というようなことを言う。すると相談者は「実は今度南の方へ旅行しようと思っているんです」。それを聞いて魔女は「旅行ですか。その旅行について考えていることがありますか」と、そこから話題を派生させていく。

つまり、彼女には相談者の話を聞く力があるのだ。そして、相談者はいろいろ話をし、「やっぱり旅行するときに、この辺は気をつけた方がいいかしら」なんて言う

イギリスでは「魔女（WITCH）」という看板を出して、訪れる人にアドバイスをする女性に出会った

と、魔女は「その辺は気をつけたほうがいいでしょう」などと答えている。

これは、私が心理療法の仕事としてやっていることと同じだ。魔女の場合は、話の始まりはタロットなのだが、そこから様々な方向に話題が移っていく。兄弟や親戚の話になったりもする。

そのとき魔女がほとんど助言をしないのを見て、「これは相当な人間だ」と感心した。私たち心理療法士は助言や忠告をほとんどしない。私たちはタロットは使わないので、ただ「どうですか？」などと言う。私はそれが癖になっていて、誰が来ても「どうですか？」と言うものだから、ある人に「どうですって何ですか！」と怒られたことがあるが、それでも「何ですかって、どうですかねぇ」などと言っているうちに話題が移り、核心に近づいていくから不思議である。カウンセリングの場合、大事なのは、私たちが勝手に筋道をつけないということなのである。

余談だが、かつて相談者の方で、部屋へ入るなり「京都の市電は不便ですねぇ！」とすごい剣幕で怒る人がいた。「三番が何とかで六番が何とかで、ここへ来るのは六番に乗った方がいいと思うけど、何で三番があっちに行くんですか」。私は、その人が京都の市電に対して怒っている、「この人は何かの系統と系統が結び合わず、うまくいっていないことを怒っているのだな」と思って聞いていると、「実は」とそちらへ話が移ったのだった。

要するにタロットと一緒なのだ。この場合は市電が導入に役立った。そう考えると、魔女の話もわかってくる。そのときに、「いや、市電の話はさておき、あなたの悩みは何ですか？」とは、決して私たちは言わない。相談者の話をじっと聞き、向こうから話題が出てくるのを待っているという点では、魔女の仕事は私の仕事とほとんど同じだという気がした。

しかし、そのときに、話の始まりにタロットがあるという点は大きく違う。タロットがあるために、それを入口にした問いかけが可能なのだが、私が聞いていた範囲では、魔女がその人に忠告をする場面はまったくなかった。

相談が終わり、私が魔女に「あなたのやっていることは、僕らの仕事ととてもよく似ています。話の始まりはタロットだけれど、その後は相手を自由にし、相手の動きを待っていると、相手がいろいろと自分で考えて答えを引き出してくれる」と言うと、その通りだと言っていた。「下手に、ああしろ、こうしろとは決して言えるものではない」と言う彼女に対し、私は「それはたいしたものだ」と応えた。

私の仕事では、話がだんだん病的な方へ傾いていく人がいる。「外にＣＩＡがいるので、出るときが不安です」と言い出す方もいる。だから、その魔女に「非常に病的な人が来たときや困ったときはどうしますか？」と訊いたところ、それは全部専門家に任せるとのことだった。

面白いことに、魔女には魔女の組合があるという。魔女組合は、心理学者や精神科医とつながりを持っている。ネットワークがあり、魔女のための訓練があって、「こういう人はここへ紹介しなさい」というように決まっているのだそうだ。自分たちの手に負えない人は、そういう専門家に任せるのだ。

先述したように彼女は忠告めいたことはまったく口にしないが、置いたタロットにまつわる具体的なイメージが確実にカードに出ているときは、そのことは伝えるとのことだった。

これは、ユングの言うシンクロニシティだ。論理的・合理的にはまったく結びつかないはずの話が、偶然結びつくことがある。そのとき魔女はそのことを強制しない。それをポッと口に出してみる。たとえば、「三階建ての家が見えますが」というような言い方をする。そのときに相手が「それはおじさんの家だ」とか、「それは今度私が建てる家です」と言ったとしても、それは相手が勝手に考えたことだが、そこから話は先へ進むので、心の奥に潜むものへと近づく手段にもなるのである。

これは人づてに聞いた話なので真偽のほどは定かではないが、アメリカの建築家にまつわる話に面白いものがある。

建築物の設計者には二つのタイプがあるそうだ。ひとつは丹下健三さんや安藤忠雄さんのように、極めて創造的なものを設計する人たち。もう一方は、普通の家を設計する人たち。そのうちの前者、壮大な建築物を手がけ芸術家と言われるようなアメリカの建築家たちのなかには、アメリカの占星術師のもとを訪れる人がとても多いそうだ。

「博物館を設計することになって……」と出向くと、「三階に入口があります」といった、占星術師に「見えた」ことを生かして設計するのだという。つまり、自分だけの思考の範疇《はんちゅう》で設計すると、余程変わったことをやってやろうと思っても、なかなか自分の発想の枠を越えることはできない。ところが、占星術師のところへ行くと、まったく違うものがボーンと出てくる。それをグッと受け止めながら、自分の知識や技術を融合させると面白い物ができるというので、そういうところへ行く人が多いのだそうだ。

また、この魔女さんが面白いのは、相談者たちから送られてくる感謝状を、部屋のなかにディスプレイしていることだ。私たちには守秘義務もあり、さすがにこういうことはできない。部屋中に感謝状を陳列していたら、心理療法の場合、相談者は絶対に来ないだろう。ああいうところが面白い。

それにしても、魔女などというものが開業しているとは。キリスト教では魔女は悪者で、昔なら火あぶりに処された人たちだ。この魔女からパンフレットを頂いたのだが、そこにもはっきり「ウィッチ」と書いてある。そこに魔女の名前があり、料金が書いてある。講演料も書いてあった。「こんな『ウィッチ』と書いたパンフレットを持っておられるというだけでビックリしました」と言ったところ、魔女は「キリスト教や近代科学だけでは解決できないことがあることを、ヨーロッパ人もわかってきたのです」と応じた。これはなかなかいい答えだった。

キリスト教はダメだとか、近代科学がダメだとは言っていない。キリスト教にも近代科学にも意味はあるのだが、キリスト教や近代科学だけでは答えの出ないことがあるということをヨーロッパの人も認識しはじめたという解釈だった。

私は、この考え方にも大いに賛成である。この点がとても大切なところで、偏った見方をすると、「キリスト教はダメ。近代科学もダメ。だからウィッチがいいんだ」

となりかねないし、それはそれで大間違いなのである。

私たちが人生を生きていくには、心のなかの「私」との関係がとても大事になる。よく例にあげるのだが、「私」の恋人が死んだときに「恋人は何で死んだのか？」と問うと、自然科学は「心臓麻痺《まひ》です」とか「出血多量です」というように、すぐに答えを出してくれる。しかし、「私」が聞きたいのはそんなことではなく、「なぜ、『私』の恋人が死んだのか」に対する答えなのだ。私の恋人はなぜ私の目の前で死んだのか、とか、何でこんな死に方をしたのか、というときには、「私」に対する答え、つまり自然科学では割り切れない類《たぐい》の答えを欲しているのである。

そういうときに、この魔女のような人たちが、その答えを出す役割を担っている。その人にとっての真実を答える役割である。ところが、出てきた「その人にとっての真実」を普遍的なもの、誰にでも通じるものと考えると間違ってしまう。この点がとても難しいところだ。たとえば、ある人がこの魔女のところへ行き、南の方角に関する示唆《しさ》を得、それでうまくいったからといって、誰もが南へ行けばうまくいくというわけではない。また、「誰でも魔女のところへ行けば助かる」と考えることも間違いだ。

自然科学的な知恵の強みは、普遍性を持っている点にある。「あなたは盲腸炎ですが、手術をすれば治ります」。これは手術に失敗しない限り真実だ。ところが、よく考えると、自然科学的な知恵にも確率という概念は当てはまる。「一〇〇パーセント」ということはない。

ガンの人が医師に「余命三ヵ月です」と言われたとき、三ヵ月で絶対に死ぬということはあり得ない。「非常に高い確率で」そうなるということだ。それは、確率は低いがそうならない可能性もあることを意味する。

この、そうならない可能性について言及するには、そうなる確率を導き出したものとは異なる知恵が必要になる。それが自然科学では割り切れない側の知恵なのだ。

アメリカ先住民ナバホのところへ行ったとき、あるメディシンマンが、末期ガンの人を彼の術によって治したという話をしてくれた。これは恐らく嘘ではないだろう。嘘ではないが、同じ療法を施せば、みなが治るというわけでもない。実際に治った人がいるのは、素晴らしいことだが、もしこのメディシンマンが「さぁ、自分のところへ来なさい。みんな治します」と言ってしまえば、それは嘘になる。ここで治る確率は、自然科学ほどは高くないはずだ。そこが難しいのである。

ホスピス・緩和医療の第一人者である柏木哲夫さんから、興味深い話をうかがったことがある。

柏木さんは、末期ガンの方々を診ておられるのだが、そういう人のなかに、ごくまれに、ガンが急に退縮して消え失せてしまう人がいるそうだ。医師もあきらめ、余命あと何ヵ月という状態でホスピスに来られた人のなかに。

「どんな人がそういった奇跡的な治り方をするのですか」と尋ねると、「自然科学、近代科学が承認していない方法を、全身全霊を持って信じた人のなかに、そういう方がいる」と柏木さんは言われた。自然科学、近代科学が承認していない方法とは、神社のお守りを拝むとか、水を飲むとか、そういった類のことだ。

普通の人は、お守りやお札を持っていても、どこかで疑っているのだそうだ。また、本人が「絶対に信じています」と言ったとしても、なかなか全身全霊とはいかない。そんななか、本当に全身全霊をあげて信じていた方は治ったという。

それを聞いて私が「先生、それは逆で、治る人は全身全霊をあげて信じることができたのではないですか」と言うと、柏木さんも「そうとも言えますね」とおっしゃった。原因・結果を簡単には言えないのだ。

とても不思議かつ面白いことだが、認識のニュアンスを少しでも間違えると、ニセ科学やニセ宗教になってしまう。そういう怖さがある。

魔女の看板を出している彼女も、この難しさを理解しながら、訪れる人を導いているのだ。吊された感謝状は、彼女の力量の証《あかし》だ。たくさんの人から感謝される彼女は恐らく、科学的常識に属するような物言いはしないのだろう。魔女が常識とは違う言い方をしたときにはじめて「そうかぁ！」と、相談者の態度が変わるのである。まったく違う角度からパッと切り込み、それを聞いた人が「そうだ！」と思うというのは、前述した「全身全霊」と同じことだ。態度が変わるからこそ、そこに新しい世界が開けていくのである。

こういった態度は、「補・自然科学」とでも言えばいいだろうか。アンチ自然科学ではない。バランスの取り方の悪い人は、「医者になんて、かかってはいけない」と「アンチ」になってしまいがちだが、それは普遍的な確率の高いものを見失うことになる。どちらにも意識を少しだけ持ちながら生きていくことが大事だ。

人間は面白い生き物で、何かを、理屈ではなくパッと思いつくことがある。それが人生にプラスになることも、またよくある。ある日、「富士山へ行ってみよう」と思った人がいたとしたら、これは行って構わないし、それが契機になり、その人の何かが変わるかも知れない。ところが「隣の家に火をつけてみよう」は困る。そのとき、自分が生きている世界・社会のことを考えていないとたいへんなことになる。「内なる声」というものは「富士山に登れ」もあれば、実際に「隣の家に火をつけろ」や「先生を殺せ」というものまであるのだ。あるいは宗教でいえば、「全財産を寄付しなさい」という例もある。また、全財産を寄付して、とてもうまくいっている人もいる。もちろん困っている人もいる。そこが難しい。

普遍的なもの、社会的な常識は大切なのだが、その一方で、普遍性の通用しない世界ほど面白いとも言える。普遍的な価値観だけに囲まれて生きていたら、生きている価値などない。そんな世界では名前などいらない、みなただの「人」でよくなってしまう。「河合隼雄」という人間がこの世に生きている、そのことを思えば、自分の人生を生きないと面白くない。ただし、繰り返しになるが、そのときに「自分の人生なんだから、何をしてもいい」となると、結果的に本来の面白さから離れていってしまうことになる。

現代の、特に日本社会では、普遍的・常識的な基盤となる部分が固すぎる。そちらがあまりに強固なので、そこから出ようと思った人たちが、とんでもない行動に出ることになる。もとがもう少し緩ければ、出たり入ったりが容易になり、大事にはいたらないはずなのだ。

自然科学の所産として私たちが知っていることと、そうでないものによって与えられた示唆や助言との差をよく心得つつ、しかし、こういうことへもアプローチしていかなければ、これから私たちを取り巻く環境・時代に対応していくのは難しいし、またそうしなければ面白くないのではないかと私は考えている。

「魔女」との対話

河合　私はタロットについてはよく知らないんです。日本文化は西欧とは異質ですし。

魔女　そうですね。タロットにはいろいろな記号が表れます。

河合 記号性を学ぶのにタロットカードを使うことはあります。

魔女 タロットは診断に有益だと思っています。また、似たようなカードが出てくるのは興味深いことです。

河合 あなたはカードに出た基本的な心理状態を伝え、相談者はそれを聞いて具体的な事実を話しはじめます。心理状態をもとに話し合うだけで、「ああしなさい、こうしなさい」とは言いませんね。

魔女 相談者に「こうしなさい」とは決して言いません。選択肢を示すだけです。相談者の力をそぐ場合もありますから。本人に選択してほしいのです。天気予報のようなものです。予報を聞いて行動を起こすかどうかは本人次第です。

河合 事実を伝えるだけですね。私のやり方とよく似ています。私は夢を使いますが。相談者と定期的に会うことはありますか。それとも一度だけですか。

魔女　定期的には会わず、困っているときにだけ相談に乗ります。相談者が継続的なカウンセリングを必要とすれば、カウンセラーを紹介します。

河合　どうやってタロットカードを学びましたか。

魔女　いろいろ方法はありますが、自然に学びました。カードは大と小のカードに分かれ、小は四つの要素に分かれます。棒は火、行動を表します。剣は対立、コインは物質、聖杯は感情を表します。カードは状況をとてもよく示します。逆さまだと下降を示し、そうでない場合は外向性を表します。

河合　直感に頼るのですね。とても重要なことです。

魔女　それをリサーチと経験で裏づけます。

河合 誰か先生に付きましたか。

魔女 魔術に優れた人に一年半師事しましたが、そのうち独学で好奇心の赴くままに学び、自分なりの理論を築いてきました。様々な相談を受けるので、私は専門家というよりGP（General Practitioner：一般医）のようなものだと思っています。初めてのことがあれば自分で調べたりします。

河合 あなたにとって「魔術」とは何ですか。

魔女 相談者は問題や悪循環を抱えてここにやってきます。その問題は無意識のなかにあります。意識を通じて無意識に働きかけることは困難ですが、記号や儀式では直接無意識に働きかけることができます。それが「魔術」だと考えています。

河合 儀式やおまじないはしないのですか。

魔女　必要に応じて行います。たとえば、悲しみやつらい状況から脱却できない人の場合、一人になって本当の気持ちを紙に書いてもらいます。それを折り畳み、壺に入れます。それから時期を見計らい、儀式を行います。私は儀式には立ち会わず、キャンドルをともし、相談者は紙を取り出して、自分が書いたものを一人で声を出して読み上げます。そして火をつけて灰を壺に戻し、壺を壊します。そのことで心理的な解放感を得ることができます。

私は「過去を振り返ってはいけない。新しいスタートを切ったのだ」と説明します。とても効果的な方法です。ただし、適切な時間を見きわめることが重要です。儀式は直接的で、すぐ効果が表れます。

河合　精神分析は意識を通じて無意識に働きかけるので時間がかかりますが、あなたの方法は直接的ですね。

魔女　ダイナミックです。

「魔女」と対話する著者

河合　変化があまりにもはやすぎるので、ときには危険な方法かも知れません。

魔女　それこそが、私がダイナミックと言ったゆえんです。しかし方法は相談者によります。夫が死に、言いたいことが言えなかったという後悔に苛《さいな》まれた七十代の未亡人に、夫への手紙を書いてもらったことがあります。彼女は手紙を私に渡しましたが、私は読みませんでした。時が経ち、手紙を捨てたとき、彼女の心は解放されました。このように時間をかけて行うときもあります。

河合　精神分析医は手紙を読んで分析しようとしがちですが、その必要はないのですね。

魔女　ありません。個人的なことですから。彼女の気持ちを手紙に書き、解き放つだけでよいのです。私はタロットカードから、何が相談者に適切かを見きわめようとします。カードから相談者を読み取るのです。

河合　ところで、「魔女」というと悪いイメージを人々に持たれていませんか。

魔女　それは少しずつですが変わりつつあります。地方では「ワイズ・ウーマン」は比較的知られています。過去には魔女狩りで処刑されたワイズ・ウーマンも大勢いましたが。

河合　「ワイズ・マン」はいないのですか。

魔女　男性もできるはずです。

河合　意識から無意識に到達するのは難しいことですが、物語は無意識に到達する有効な手段ですね。相談者に話をさせることは効果的だと思います。それにそれぞれのカードには、すでに物語がありますし。

魔女　カードを読み解くうちに物語が生まれ、さらに私の言葉を解釈するために物語が生まれます。カードはメタファーと言えます。相談者は自分自身を物語のなかに発見するのです。

相談者　伝説に、赤い糸を握って地下の世界へ行き、捜し物を見つけて戻ったという話があります。彼女（魔女）は、糸の一端を持って助けてくれるような人です。そのイメージが私を助けます。

魔女　糸は可能性を信じる力を象徴します。私には人の可能性を導き出す才能があると思います。誰かひとりでも信じてくれていると思えば、一歩を踏み出すことができます。

河合　この部屋の壁には多くの人たちからの礼状が飾られていますが、それはあなたが偉大だからですか。

魔女　私は方向を示しただけで、行動するのは本人です。

河合　すべてがあなたのおかげではなく、糸の一端を握って相談者に方向を示したということですね。

相談者　彼女の言葉には意味があるかも知れないし、ないかも知れない。その言葉に従わないことだってあり得る。

河合　そのとおりです。

魔女　いわば隠者のカードです。どうこうしろとは言わず、ただ明かりをともしています。私は問題を解決するのではなく、解決する方法を伝えるだけです。私は相談者が自らの灯をともすのを見守るだけです。魔女の杖で問題を消し去るわけではありません。手段を示すのです。やりがいのある仕事だと思っています。

レイラインの「発見」

ドルイドや魔女に代表されるような思想を持つ人たちにとって、非常に大事な、スピリチュアルな場所が、アイルランドやイギリスには存在する。それらは点在するわけだが、その場所を結ぶ線の下には、特別なエネルギーが通るラインが走っていると彼らは考えている。それをレイラインと呼んでいる。このレイラインに対する接し方がいろいろあり、たとえばレイラインを横切るときはどうしなければいけないといった決まりごとがあるのだという。また、レイラインの存在を知っているか否かで人生の在りようが違ってくると言う人もいる。

レイライン（Ley Line）。この単語自体は辞書には載っていない。十九世紀イギリスに生まれた、ビジネスマンでアマチュア考古学者でもあったアルフレッド・ワトキンス（一八五五―一九三五）という人が提唱したと言われている。

一九二一年六月三十日、太古からの遺跡や塚、聖地と言われる場所が一直線上に並んでいることに彼が突然気づき、その直線を「レイライン」と名づけたのである。「レイ」の語源は、そういった土地の地名の多くに、-lay、-ley、-lee、-lea などの語尾がついていたからだと言われている。

ワトキンスはこのアイディアをもとに地図を眺め、遺跡の配置を調べると、同一直線上に十個以上もの遺跡がマークされることも珍しくなく、改めてレイラインの存在を確信するにいたった。一九二五年には『古代の直線のわだち（The Old Straight Track）』という書物を著し、レイラインの存在を世に知らしめた。

この「発見」はいわゆる「科学的」な考古学者からは無視されたが、多くの人々を刺激し、「レイライン・ハンター」と呼ばれる人たちが出現した。彼らはレイラインを「地球のなかにある隠されたエネルギーの流れ」と言い、今日では「この線上にはUFOが多く出現する」と説く人がいるなど、発表当時から現在にいたるまで、多くの話題を提供している。

そのレイラインのひとつを私たちも実際に訪れ、面白い「実験」をすることになる。それについては後述するが、UFOとの結びつきなどから考えても、レイラインは人間の主観と客観の交錯する微妙なところにある、と考えるのが妥当ではないかと思われる。頭ごなしに否定してしまうのも面白みがないし、かといって「事実」として客観的な存在と同定するのは危険だろう。

こういった「歴史」を持つレイラインには、春分・秋分の日、冬至や夏至の日の太陽に関係した指摘が多い。自然の在り方を大切にする考えと結びついているのだろう。日本でもこれらの日の「御来迎《ごらいごう》の道」は特に尊重されているが、それも同様の考えを示していると考えられよう。私たちが参加したドルイドの儀式も夏至の日に行われたが、ここにもレイラインとの結びつきがあったのかも知れない。

自然とは説明不可能なもの

このレイラインの存在については、いわく言い難いというか、なかなか説明がつかない。いわく言い難いものをどう表現するか、それは人間の大きな課題である。

絶対的な神の存在を認める人たちは、これを「神によるお告げ」というかたちで捉える。それは論理的に位置づけられ、人々は納得することができる。そして話し合いや信者の合議のなかで、「これは正統、これは異端」と分けていき、整理されていく。

一方、そうではない考え方から「いわく言い難い」ものを解明しようとすると、論理や言葉ではなく、具体的なこととして表出してくる。具象化されるのだ。「ここに線がある」といった具合に。あるだけではなく、もっと言えばそれが何らかの作用を及ぼすとか、そういう具体的なことと結びついているということが、レイラインのひとつの特徴なのである。

しかし、表出するものは具体的なのだが、その背景にある価値基準は、混沌《こんとん》としたかたちで現れる。その人の主観的体験と、主観を離れた体験は分離されていないからである。さらに、ある人にとっては主観的に正しかったことでも、他の人にとってどうなのかはわからない。ここでは正邪の判断が非常に難しくなる。

ヨーロッパ近代に生まれた自然科学は、そこをクリアするために客観的に観察する方法を考えた（それはヨーロッパだけに起こったことである）。「神は人間から完全に離れたところから人間を見ている」という、その神の視点に人間が立つところから自然科学は生まれた。

それまで人間は自然のなかで生きてきたのだから、主観的観察などしなかった。主観も客観も入り混じったなかで、自然現象の一部のようにして生きてきた。そのような生き方に近づくと、レイラインのようなものへの関心が表れてくるのだろう。

レイラインの存在は、現地の人たちにとってはごく自然なことである。「説明不可能なパワーがある」ことを信じる限り、そこではそれを裏づける現象が起きるから不思議だ。いまの日本にもいくつかそういったものが残っていて、沖縄のノロや青森・下北のイタコなどがそれにあたるだろう。

人間の生き方、特に私たち現代人の生き方は、動物から見れば、しないでもいいことを大量にやり、そのために多大なエネルギーを使っているかのようだろう。「人間の生き方」から外れたところには、実は面白いことがたくさんあるはずなのだが、それにいちいち関心を払っていては、現代人は生きてはいられない。

だから私たちは、それに気づかないように生活している。たとえば、われわれが会話するときには、他の雑音は聞こえない。相手の話す声をきちんと選択しているのである。自分の都合のいい方へと選択し、私たちは世界を構築してきた。つまり、それなりに上手に生きてきたわけだが、その生き方と違う方へ外れていくと、さらにいろいろなことが起きていることがわかる。

そしてもっともっと外れていったならば、いま見えているもの以外のものまで見えるのではないかと、私は考えている（考えてはいるが、そんなことをすればまともに生きてはいられないだろう）。たとえば、全盲だった人が成人してから手術によって目が見えるようになっても、われわれが普通に認識している世界が見えるわけではない。光の洪水のようで何が何だかわからない。つまり、われわれは生まれてからずっと、人間として生きてゆくのに都合のよい「世界」を見るように学習を重ねているのだ。

動物の世界で言えば、渡り鳥などすごいものだ。季節が巡ると、誰に知らされるわけでもなく同じ方角へと飛んでいく。ハチの巣にしろ、クモの巣にしろ、理屈ではない力によって動かされるものは、どれもすごい。

私たちはいま、非常に複雑な生活をし、余計なものを生み出しながら生きている。しかも、あるときには余計なことの方に価値を置いたりもしている。

「説明不可能」とは、言い換えれば「自然」ということになる。アイルランドでは何も決まっていない。極言すれば、それは「自然」だとも言えるのではないか。

たとえば、現地の音楽は、始まりや終わりがどこにあるのかわからない。音楽と合わせて興じられる踊りにも終わりがない。音楽も踊る人もグルグル回り、適当に「ここでやめよう」と言って終わるようになっている。何も決まっていないのである。

人間が時計を使いはじめ、計られる時間をもって時の流れを区切りはじめたところから、人間の生活や文化は大きく変わったのだろう。それまでは、腹がへったら食ったらいいし、朝になったら起きたらいいという生活だったのだから。

人間の意識

話をレイラインに戻そう。

現地の人たちが言うには、レイラインの場所を発見・特定する簡単な方法があるという。私たちも、その発見法に挑むことになった。

その方法だが、まず、銅線を長方形の二辺のように曲げたものを二本用意する。そして、銅線を固定しないように緩く握った握りこぶしに、二辺の短い方を差し込む。長い方は必然的に前に向かって伸びることになる。このとき、これを動くようにブラブラさせておかないといけない。銅線どうしが平行になるように持ち、歩いていくと、ある地点で銅線が揺れパッと交差する。そこがレイラインの上だという。あるところに行くと、それまで平行だった銅線がパッと重なるのだ。

名前は失念したが、日本の有名な人もここでそのことを体験し、感激して帰ったというような話を現地の人から聞いた。だからあなたたちもやってみろと言うので、挑戦することにした。

アイルランドの郷土史家。
レイラインの存在を示す銅線の交差を見せてくれた

まず、NHKのスタッフのひとりがやってみると、ふわふわとしていた銅線が、ある地点に行くとパチッときれいに交差した。私は「僕はあきまへんで」と言ってやったところ、銅線は重ならなかった。他の人はうまく重なったが、私のほかにもうひとり重ならなかった人がいた。それはNHKの音声係の人、つまり理科系の人で、私はその人に「あんたもあかんだろう」と言ったら、やはりその人もダメだった。

さらにそのあと私が「今度はいきまっせ」と言って同じことをすると、銅線はサッと交差した。フラフラ風に揺れていたのが、きれいに重なったのである。

これは私にとってとても興味深い体験だっ

た。

どうして二回目はうまくいったのだろう。

この現象は、意識を強く持っていると絶対に起こらない。「こんなバカなことはない」とか「科学的に見ても重なるはずがない」というようなことを強く思っていると、銅線は動かない。ところが、私は仕事などで慣れているので（相談者に会うときには、そういった意識はすべて取り払っている）、無意識な態度に自分を切り替えて試してみると、銅線はスッと重なったのである。

意識的にコントロールせず無意識に任せていると、案外そういうことが起きる。一般の人は、いつも意識的に自分をコントロールしているわけではないため、銅線は交差するのだが、若い男性などの科学好きは、こういうことに対して意識的なコントロールが強いので、それは起こらない。だから「あんたは重ならんだろう」と予見できたわけだ。

自然科学の体系というのはきれいにできており、信頼に足るものなのだが、それは、自然科学の対象とする範囲内において有効なのであり、自分の心の深いところ、無意識の層が動きはじめると、自然科学では割り切れない面白いことが起こるのである。

そのとき困るのは、先ほども述べたように、それを自然科学同様、普遍的なものとして信じてしまう人がいることだ。そういう人は、オカルト的な方向へ行ってしまう。そうなると、「祈れば必ず治る」とか、「この薬を飲んだら必ずガンが治る」といったことを言いはじめる。もちろん、祈ることや、ある種の薬を飲んでガンが治った人がいるのは事実かも知れない。そういうことは時に起こりうる。だからといって、それが誰にでも起こると考えるのは間違いで、この区別が非常に難しい。

ヨーロッパやアメリカでパリパリっと生きている人と違い、日本人は心が少し無意識の方に広がっているところがある。だから、海外で見知らぬ日本人同士が顔を合わせたとき、初対面であっても、どこか気が合うような感覚を抱いたり、酒でも飲めば、すっかりうち解けたりする。

この感覚は、ナバホの人たちも持っていた。私はナバホに長く滞在したわけではないが、すぐに親しくなり、普通なら他民族には話さないようないろいろな話を聞くことができた。それは、いま述べた感じがこちらにも、相手にもあるからである。

「あ、このおっさんは大丈夫」と向こうは思ったのだろう。

それと同じことは、アイルランドの人たちにも感じられた。同じような理由から、われわれはレイラインの実験にうまく適応したのではなかろうか。

最近、作家の五木寛之さんとお会いした際に、興味深い話を聞いた。五木さんは、いま日本全国のお寺を巡っておられるのだが、「日本の土地には、いわゆる『経絡《けいらく》』のようなものがある」という。経絡とは、東洋医学で言うツボを結ぶ体内を走る線のことである。これと同様に、土地にも重要な場所を結ぶ線があるというのだ。

自然を客観視し、土地を科学的に分析するなら、断層が走っているとか、地質構造が連続している、といったことになるだろう。しかしそうではなく、自然とともに生きている人間の考え方として、「土地にも経絡がある」と五木さんは言う。そのことが、私を喜ばせた。

そのおかえしに、私が見聞したレイラインの話をして差しあげると、五木さんも喜んでおられた。

ゲニウス・ロキ

「ゲニウス・ロキ」という考え方がある。土地自体が、精神というか魂を持っているという考え方のことである。

先日、沖縄の国立劇場の竣工式があり、呼ばれて出向いたのだが、設計された方が挨拶のなかで、この「ゲニウス・ロキ」という言葉を使われた。「私たち建築家は単に建物を建てるのではなく、ゲニウス・ロキの声を聞きながら建てたいという気持ちを持っているんだ」と。その話を聞いて、とてもうれしく思った。

こういう考え方は昔からあるのだが、それと正反対の、近代的な価値観を持つ人は、「そんなものはない」と断じがちである。場所というものを考えるうえで、緯度や経度、標高や気温などといった要素を用いるのがいわゆる「近代的な考え方」だが、現代建築を手がけるような人が、土地自身が持つ固有のものを大切にしていることに好感を抱いたのである。

また、実際に日本の神社仏閣やエジプトのピラミッド、バビロニアの大神殿といったところを訪ねると、「ゲニウス・ロキがあるから、そこに神殿が建ったのだ」という気がしてくる。

アイルランドの人は、そういった土地が持つ「何か」に対する思いを強く抱いている。だからこそ「レイライン」と彼らが呼んでいる、いわゆる「土地の力の道」のような存在を信じているのであろう。石の輪でできた「メンナントール」も同様だ。

このとき難しいのは、私がもし第三者に「彼らはそれを本当に信じているのですか?」と問われたら、「信じている」とは言い難いことだ。かといって「ナンセンスですか?」と問われたら、「いえいえ、違います」と言いたくなる。

私は、アイルランドの人たちが様々なものから感じ取ってきたとおぼしき精神性を尊重したい。近代的な尺度ではなく、「ここは私にとって○○である」という「私」との関係、「私の思い」を入れ込んで土地を見ると、まさに「ゲニウス・ロキ」のような発想が出てくるし、それにまつわる物語が必ず生まれてくる。そして、それが伝説になったりする。そういった場所やおはなしがイギリスの一部やアイルランドにはたくさんある。

人間を癒す特別な力を持っていると考えられてきた「メンナントール」と呼ばれる石

われわれ現代人は、そういう伝説的なものから離れたところで生活し、普遍的な意識を持って生きている。だが、ほんの少し意識のレベルを広げたところでは、われわれも不思議なことをいっぱい持っているのである。

レイラインで銅線が近づいたり離れたりする実験をしたとき、意識を日常レベルにするのか、もう少し広げて臨むのかによって結果は異なった。そのときに「そういうことがあるかもわからんな」と思うと、その瞬間から変わってくる。さらに面白いことに、「そんな馬鹿なことがあるか」という人も、そちらに捕らわれていく。それが「意識」というものなのだ。

現地の人たちは、その存在や意味を信じて

いる。信じているから彼らがやると銅線は動く。これも意識の問題であろう。

おわりに～日本人がケルトから学ぶこと

アイルランド人・日本人

アイルランドを中心にケルトの名残を訪ねたこの旅で私は、日本人に共通する思いのようなものを、現地の人たちも携えて生きていることを知った。彼らと話をすると、日本人のように「非言語的」に交流するものを持っていることがわかる。ヨーロッパでは、アイルランド人は「嘘をつく」とか「いい加減だ」といった言われ方をされるそうだ。しかし、その意味するところが私にはよくわかる。

たとえば日本では、ある人が「明日は雨が降る」ということを知っていても、会話の相手に外出の予定がある場合、その相手に「雨だからやめれば」とはなかなか言わないということがある。それは、話し手が相手の気持ちと一体化し、「雨は降らないかも知れない」と言ったり、あるいは、「晴れたらいいのに」と言うことになる。さらに相手に近づけば、「晴れるに違いない」になってくる。そうすると、「いやぁ、明日は晴れますよ」と言ったが、あとで「お前は天気予報で雨が降ることを知っていたじゃないか」となる。つまり、嘘をついたことになるわけだ。

そういう意味での嘘は日本人の間ではとても多く、日本人社会ではさしたる問題ではないのだが、この調子で欧米人に接すると、彼らから「日本人は嘘つきだ」と指弾されることになる。

そういった類《たぐい》の嘘は、アイルランドにも多くあるようだ。だから、アイルランドの人々はヨーロッパ人たちから「いい加減だ」と言われてきたのだろう。

私がかつて、スイスに留学したとき、スイス人の親日家が、いま述べたようなことを教えてくれた記憶がある。

スイスの高地に住んでいる人は、知人が明日山へ登るというようなとき、登山当日に雨が降ると天気予報などで知っていても、それを本人になかなか言えないのだそうだ。「晴れればいいのに」というようなことを言ってしまう。しかし、彼らの言わんとするところは、その態度から「雨が降るらしい」ことを察しなければいけない、ということらしい。

「スイスの山奥に行けば、こういった慣習や態度があるので、日本人の慣習をわれわれは理解する」とそのスイス人は言っていた。日本にもそういった「察し」の文化がある。「表情や態度から察する」のは日本文化の大きな構成要素だ。ところが、現代のアメリカ的な価値観に照らせば、これも「嘘つき」ということになってしまう。

番組のための撮影で、ストーリーテラーが話すシーンを撮るために、人の集まるところへ私を含めたスタッフが出向いたときのことだ。

あちらでは、戸外に机や椅子を置いたような空間で話をすることが多い。私たちもそういったところに陣取った。スタッフが依頼した人がストーリーテリングを始めると、みんながその話を聞きに来る。その人の輪のなかに、音声係の人が集音マイクのついた長い竿を差し出し音を拾っているのだが、やおらひとりの女性が立ち上がり、その竿を持とうと音声係の人に近づいた。音声さんは竿を取られるのかと驚いたが、彼女は「重たいだろうから助けてやろう」と彼に近づいたのであった。「私がしばらく持っているから休め」と言うのだ。ある人が苦労しているときに、気の毒だから助けようという感じがとても自然に伝わってきた。

さらに面白いことには、マイクの竿を持ちに行ったその人は自分も話がしたいということがわかった。

こんなとき、アメリカ人なら、語り手のおはなしが終わったところで、「実は自分

人が集まれば、すぐにおはなしの語りが始まる

も語りをやっているのだが、「どうだろう」などと言い出すのだが、この人は自分も語りたいと言う前に、そこにいるスタッフを助けにいくところなど、日本人に似ていると思いませんか？

　彼女は音声さんと押し問答をしたのち、「実は私はイエーツの詩を朗読できるのだが、してもいいか？」と言うのである。「どうぞどうぞ」ということで朗読してもらい、みんなが「うまいなぁ」と感心していると、その人は喜びながら「じゃあ、さよなら」と言って帰ってしまった。町の人に「あれは誰ですか？」と訊くと、誰も知らないのである。要するに、通りすがりの人なのだ。通りすがりの人が入り込んできて、まず竿持ちから始めて、それから詩を朗読したいと言う。そんな人間関係がまだ残っているのが、アイルランドというところなのである。

日本とアイルランドが似ているのは、大陸の周縁部であるという共通点にも、ある程度起因している。地理的に見て、アイルランドはローマから非常に遠い。それは、キリスト教の影響を受けにくかったことを意味する。中華文明に対する日本のように、ある程度距離のあるところの方が、文明を洗練させることができるのかも知れない。

アイルランドのコネマラというところで、ある漁師のご家庭を訪ねた。その家でアイリッシュシチューをごちそうになったり、小学生くらいの男の子が話すニワトリとキツネが出てくるおはなしを聞いたりした。

実際に現地の人と話してみると、彼らは相当な「心の接触」を持って生きている人たちだという印象を受けた。アイルランドでは、人々がまだまだそういったものを所有している。それは、会えば特に何か言わなくとも気心が通じる「日本人的感覚」が通用する場所だとも言える。アメリカ先住民の家でも同様の感覚を持ったのだが、すぐに「ヨォ」と言いたくなるような、きさくで気軽な感じを受けた。いわゆるキリス

アイルランドのコネマラで、ある漁師のお宅を訪ねた

ト教文化圏の白人たちでは、なかなかそうはいかないだろう。

そういった慣習の残る国がヨーロッパに存在するということは、たとえ表層にある文化は異なった国の人同士であっても、人間は底の方へ行けばこのような感じを共有していて、理解し合うことが可能なのではないか。

私が「日本人は両方やらなければいけない」と述べているのは、近代的自我を強くすることも必要だが、日本人がいまも保持している能力、つまり自分の無意識とつながっている生き方もなくさないように努力すべきだと思うからである。それは日本人の今後のためだけでなく、世界の人々誰もが自分たちの将来のために努力すべきことで、ヨーロッパの人たちもケルトのことを思い起こし、自分たちの生き方についてよく考えるべきであろう。

無意識の必要性

アナザーワールド、心理学で言うところの「無意識」。それがおはなしになると、「この世でない世界」となる。

私たちが死んだあと、そこにはいったい何が残るのか。昔の人なら「霊魂の不滅」を信じていただろう。ところが現代的な考え方のもとに生きる私たちは、「そんなことはない。死んだら終わり」と思っている。しかし、人間の無意識的な心の働きに注目してみると、そこでは様々な不思議なことを体験している。死んだ人に出会ったりする。

そういう感覚は夢に出てくることが多い。つまり、人の死後の実際がどうなのかはわからないが、無意識の次元では、心のなかの何らかのものは自分が死んでも生き残ると信じているのである。人が何かを「信じている」ということとは、少しニュアンスが違うのだが……。それを「おはなし」にすると、「死後の世界」とか、「お墓の国」

となる。さらに面白いことに、その感覚は世界共通なのだ。世界中によく似た話がたくさんある。それが人間というか、人類というものの奥深さ、面白さなのだろう。

世界中の人たちは、そういった無意識＝おはなしを、現実世界を生きながら感じ取っていた。そのことは、ある意味で科学の発達以前を生きた昔の人ほどリアリティがあった。これは、ある意味で生きやすい世界だ。生きやすいというか、死にやすい。死後に行くべき所を承知しているわけだから、生きていても不安が少ない。

ユングはよく、こんなたとえ話をした。

「旅行をしていて、行き先のわからない人は不安だろう。『どこに行くのかわからない汽車に乗っています』などという人はいない。ロンドンやベルリンといった目的地を承知して旅する人たちは、行き先の町や観光先の状況をある程度知っている。そういう人たちに不安はない」

つまり、死後どこに行くかを知っている者ほど心は安定しているという考え方だ（ただし厄介なのは、オウム事件などのように、この考え方が「死後、極楽へ行くためには人殺しをしなさい」というように置き換えられてしまったときである）。

人々の様々な意識や現実、思いの間に、いろいろな「おはなし」があって、それがうまく「場所」などと結びついているからこそ、そこに住む人々が受け入れやすい形の「伝説」が存在、継承されていく。伝説にはそういう意味があるのだ。

そうすると、「そこにずっと住んでいる」ことに、土台ができる。意味づけができてくる。ところが、現代人はそういった意味づけを失っているから、大きな不安に見舞われてしまうのである。

それは、いまイギリスで知識階級がドルイドを支えているという実態にもつながってくる。知識階級の人たちが、こういった意味づけの問題を意識しはじめた。気がつけば何のことはない、「イギリス、アイルランドは伝説やおはなしの宝庫じゃないか」と。それも、「みんなで死後の世界を研究しよう」という態度ではなく、自分たちの先祖が信仰した自然崇拝ドルイドの精神を取り入れようとしている。もともと自国に存在した考え方だから、それは定着しやすい。しかし、残念なことにドルイドは文献を残していないので、儀式や思想の詳細がわからない。それをイマジネーションで補いながら彼らはやっているのだ。

イギリス人はいま、ドルイドを学ぶことによって自然との関係を見直そうとしている。

自然とのつながりを

自然との共生、それは人間にとってもともと当たり前のことだった。世界中どこででも。ところが、知的にものごとを考え、自然をコントロールして、自分の好きなようにしようとする進度がはやすぎた。だから、「何でもできる」と浮き足立っているのが、現代の人間界の現状なのである。

その速度は、日本では相当のものだった。明治維新以後、一気に加速し、戦後その速度はさらに増した。そのためみな、どこか不安になっている。たとえば、少年による事件が起こると親御さんたちは、「うちの子もやるんじゃないか」と不安になる。注目すべきは、日本中の母親が「うちの子が被害に遭うんじゃないか」ではなく、「うちの子が事件を起こすんじゃないか」と考えるところだ。多くの場合、そんな心配はいらないのだが、そういった考えを誘発するくらい、日本の親たちは不安を抱えている。昔なら、「変な子がいるわね」で終わったことだったのに。それは、自然から離れようとする速度のはやさと、そのなかを生きなければならないことに起因しているように思われる。

私は、「現代を生きる」ことは結構なことだと思う。食べ物は美味しいし、海外の観光地にも行くことができる。しかし、それを支える裏側の部分が強くなければ、現代ではたいへんなことになる。その部分が弱いから、みなちょっとした不安で、うろうろっとするのだ。現代的な利便や考え方を享受しながら、その根っこにあることも合わせて受容して生きていかなければならない、それが「いま」なのである。意識・無意識で言えば無意識、科学・非科学で言えば非科学の方が、人間が生きるうえでの土台たり得る。それを意識や科学とどうつなぎ、どう統合するか。そこが問題なのだ。

日本のよさ

ここ十数年、日本人は自信をなくしている。それは、日本が経済的に大きく伸張したときに、その意味や原因を分析・考察することをせず、また他の国々も「日本はすごい」と持ち上げ、それを真に受けていい気になっていたからだ。

日本人は何かの真似をして伸びていくことには長《た》けているし、勢いもあるのだが、自分が本当の意味での「リーダー」となり、何かと対抗・拮抗《きっこう》するとなると、からきしダメだった。バブルを経験してそのことが世界にバレてしまい、その後日本経済はガラガラと音を立てて崩れ落ち、日本人は自らのネガティブな面ばかりを見ているのが現状だ。

しかし、その考え方は変えた方がいい。私は、ここ十数年の間に日本人がしてきたことがおかしいとは思わないし、説明すればわかってもらえる類のことだと考えている。ものごとには、常にプラスとマイナスの両面がある。こういうときに思慮の浅い人間は、「昔の日本はよかった」と言って一気に過去を回顧し礼讃する。それはよくないことだ。私が言っているのは、「日本人が持つポジティブな面を生かしつつ、グローバリゼーションとどう対抗するか」ということで、あくまでも両方をバランスすることの意義なのである。

今回のケルトへの旅は、ヨーロッパの人たちも自分たちのアイデンティティを持ちつつ、日本やアイルランド的な価値観を取り入れようとしていることを知る機会となった。ヨーロッパにも現代人の欠陥に意識的な人がいることが、感覚としてよくわかった。

「日本的なもの」は決して特殊ではない。いろいろあるなかのどこを優位に考え携えてきたか、という見方で捉えることが大切なのである。

繰り返しになるが、近代以降の人間は自然から離れることで進化を遂げていると錯覚してきた。自然の枠組みを無視したグローバリゼーションの波がこれからますます高まっていくと、クローンや遺伝子組み換えといった技術によるものが出現する。それ自体には効率的なものもあるのだが、当然その技術によって生まれたものが持つ、いままでに私たちが経験していないマイナス面も現れてくるだろう。そのときに、「日本人が現代まで持ち続けてきたものには、それなりに意味がある」と気づくのではないだろうか。

いま日本では不可解な殺人事件などが起こり、人々を不安に陥れている。日本的な人間のつながりは、すでに述べてきたようないい面を持っているが、それを「しがらみ」と感じはじめると極端に嫌になり、拒否したくなってくる。そこで一挙に関係を切り棄てる、つまり殺してしまえ、ということになる。それらは、わけのわからない突発的な殺人につながっていく。

しかし、そういった傾向を持つ人は、日本全体で考えればごく少数である。少数ではあるが、それが現存することをきちんと踏まえて、日本は変わっていくべきと考えている。

いまの日本は大きな過渡期にある。その過渡期にできたエアポケットに落ちた人は、とてつもなく変なことをやることになってしまい、同時にその被害者も出る。

これは、きちんと研究すべきだと思うが、犯罪は日本よりアメリカの方がよほど多い。凶悪犯罪など、日本とは比較にならないほどの件数が発生していると思われる。近代科学と合理主義によってアメリカは世界のトップを走っていると多くの人は考えているだろうが、そのひずみに落ち込んでしまった人もまた多いのである。

全体として見たときにどうなるのか、それをよく考えなければいけない。われわれは逆にアメリカの人たちに日本人の生き方をよく説明して、「こういう人間関係もあるのだ」「こういうのはどうですか？」と提案することを考えてもいいのである。

いまアメリカでは仏教の人気が高いそうだ。それは、イギリスにおけるドルイド信仰の高まりに似ている。そういったことを、私たちは知る必要がある。

日本人は、有り難いことに、まだまだ心の働きのなかに自然との関係を携えている。月見もあれば花見もあるし、季節のお祭りもある。しかし、それらはともすると形骸化してしまい、本来の意味を持たなくなってしまう。いまこそ自然と関わりのある祭りや行事を、それに接する人たちの心が弾むように復活させる方法を、真剣にさぐる必要があるだろう。形式的な命令やただの伝承行事のような形で続けていても、何もいいことはない。

こういったことは個人の家でもできる。お父さんお母さんが「きょうはお月見だ」としつらえれば、子どもはそれに参加しやすい。そして、それがひとつの行事になる。小さなことだが、家庭における習慣づけや環境づくりが大切だろう。

心を躍らせる

科学への急激な傾倒を体験した日本人に根づいた「不安」を取り除く特効薬はない。ないだろうが、日本人がもっている自然とのつながりは、まだまだある。それらを見直して活用することで、少しずつでも「不安」の原因を除去していくよう努めるべきと考えている。

日本人が、かつて持っていた日本人らしさを取り戻すのは難しいことだ。変な運動のようになってしまってもいけない。やはり、各地域・各個人が努力をするしかないのだ。そういう観点から、村なら村で、町なら町で、もう一度面白い祭事などを、形式的にではなく、本当の祭りにするにはどうすべきなのか、真摯《しんし》に考える必要がある。

私がいま文化庁長官として各地を巡って感じるのは、日本はまだまだ面白いものを持っている、伝統的なよさを多く残しているということだ。それが下手をすると東京を真似るばかりに個性を失ったり、バラエティ番組のようなお祭りしか考えられなくなったりする。表層的な部分ばかりに目がいって、根っこが消えていく。

それにしても、日本各地に伝統的なものが残っていることは喜ぶべきだし、日本人は、そういった意味ではたいしたものだ。

もっと各地方が、本来のものを掘り起こしてみてはどうだろう。そのとき、「伝統芸能」などという冠をつけて切り離すのではなく、そこに心躍るものが必要だ。この頃、「里山の復活」なんていうのが出てきたが、あれもいい。そういう動きを中心に、みなが集まり、歌を歌い、遠足して……とやりはじめると何かが違ってくる。そういうことをもっともっと積極的にやってほしい。

キリスト教文明は、それ以前にあった価値観や宗教などを、ものすごい力で駆逐した。日本人は、仏教にしろ儒教にしろ、近代科学にしろ、本来あったアニミズム的なものを残しつつ、うまく取り入れてきた。それらをどうバランスさせていくかが今後の課題である。そのことをもっともっと意識しなければいけない。これまではその意識が低くとも、うまく回ってきた。しかし、ここまで科学技術が発達したいま、失ったものや排除してきたものを取り戻すには、意識的な努力が必要になる。

私は、アメリカ先住民やアイルランドがその参考になると考えた。アメリカの先住民たちは、すばらしい知恵や思想を持っているが、近代文明に完璧にやられた人たちでもある。それが残念だ。いままで日本人がしてきたように、近代科学を取り入れつつ自らの文化をも保つためには、これからの時代、相当な意識を持って事にあたらないと、アメリカ先住民の二の舞になるかも知れない。

戦後日本は、世界に追いつこうと必死だった。必死になったわりには、意外に古いものも残っているのが日本の長所なのである。その長所を、単に古いものを残すというようにはせず、それらの意味を考えながら、いまを生きることに役に立てていかなければいけない。博物館の展示のようになってしまってはダメだ。

私が日本の仏教や神話、昔話のことをヨーロッパやアメリカで話すと、現地の人たちは、東洋の変わった話として聞くのではなく、自分たちが生きるために必要なことだと認識している。そこが彼らの優れたところだ。

いま村上春樹やよしもとばななの著作は、かつて川端康成が「東洋の不思議な国」を知るために読まれたのとは違い、現代の生活のために、いまを生きるために読まれている。世界の人々にリアリティをもって迎えられているのである。つまり彼らの著作は普遍性を持つ現代のおはなしであり、いわゆる近代的自我を中心にして書かれたものではない。この二人は無意識的なところに入り込んでいく力を持ち、しかもそれを物語にする力を持っている。そうして生み出された作品は世界の人々に対して意味を持ってくる。

現代は、そういうものが必要な時代だ。かつては、そういったことはみな込みにして宗教が引き受けていた。しかし、いまは宗教によって必ず困難が救われるというわけにはいかない時代になった。個人的な困難に対する回答は、小説や映画、音楽といった芸術作品が、そのヒントを提供する時代になった。

ケルトには文字すらなかったのに、音楽は残った。

言語はそれぞれ意味を持っているが、さらに文字となれば、その意味性が明確になる。「山」と書いたらそれが山のイメージを限定する。言葉だけでも「山は美しい」と言えばそのことが伝わる。そのかわりに、山を見たときの感激や山を見て思うことは言葉にする以前の感情で、それを表現するには文字より音楽の方が適しているとも言えるだろう。

音で伝えた方がよく伝わる、ということが世の中にはある。どこの国でも、みな独自の音楽を持っていて、しかもそれは遠いところへ届き、壁を貫く。そこが音楽の強みだろう。『源氏物語』を代表とする日本の物語文学には、壁の向こうから笛の音が聞こえてくる、などといったシーンがよく描かれる。塀ごしに音が聞こえてきたりする。それで心が伝わる。それは世界中にある話でもある。

かつてナバホを旅した際に、笛を吹くメディシンマンに会った。その人は笛で人を癒すことのできる人だったが、そういう人がいてもおかしくないだろう。実際、ヨーロッパやアフリカなどには宗教音楽が多数存在し、それで心が洗われたり、救われたりということを多くの人が体験している。

現代においても、芸術は人々の心を慰謝し続けている。ところが残念なことに日本人の場合、忙しく働いている人たちは、芸術に接することのできる場所になかなか出向こうとしない。その人たちの心は知らず知らずのうちに偏っていき、不安を抱えるようになる。その点欧米人はよく知っているから、仕事熱心な人でもコンサートに出掛け、絵を見て、自分を広め和らげることに努めている。日本人は、それをしない。これからは、そのスタイルを変えないと、不健康な社会が立ち現れることになる。理屈ではない世界を知ることは、とても重要なのだ。

日本は戦争に負け、経済的に欧米に追いつこうとした。そのため、どうしてもお金中心に行動してきた。しかし、そろそろ金儲けはひと休みして、コンサートぐらい行った方がいい。それが健全な社会を作り出す近道なのだ。

私は最近、「日本も金持ちになったし、このへんで考え直せ」とよく発言している。

日本人は、終戦直後に貧しさを体験した。それが引き金になり、世界に追いつくために自らを追い込み、「金さえあれば」と考えた。その後日本中が足並みをそろえて仕事に邁進《まいしん》し、ある意味で目的は達せられたのだが、その考えを改める時がきた。かつて、「飯さえちゃんと食えたら、どんなに幸せだろう。金さえあれば飯が食える」と考えたことは致し方ないし、それを克服した日本人はたいしたものだと思う。しかし、ここまできても昔のパターンが抜けきらないことは、反省すべきだと考えるのである。

せめて休みの日には美術館へ行ったり、音楽を楽しんだり、自然を満喫したりするような時間を持ってみてはどうだろう。よく言われることだが、会社に忠誠を尽くすことのみをよしとする考えも改めていくべきだ。

自分が勤めている会社が潰れると、責任を感じたり、将来に不安を感じて自殺する人が日本には多い。それは、仕事を失うことが人生を失うことにあまりにも直結しすぎているからだ。仕事もあれば趣味もあるし、いろいろあるとなれば、そうはならな

往時の吟遊詩人（おはなしの語り手）を模した演奏。
男性が手に持っているのはアイルランドの打楽器バウローン、女性が弾くのは、アイリッシュハープ

い。心のなかが単層にできているから行き詰まってしまう。小さい世界しか持たない人は、ひとつダメになるとすべてが崩壊してしまう。複雑なもの、多くのものを持っていれば、「これは失敗したけれど、こっちは大丈夫」となる。そういう人間の深み、多様性を創出していかないと、生きているのが苦しくなるばかりだ。

自然とのつながりについても同様である。金、金で来た日本人だが、まだまだ自然や無意識とのつながりを保持している。それをもっと積極的に生かそうとすることが大切である。

日本人は長い歴史のなかで、常に自然と共存してきた。だから、ちょっとその気に

なればすぐできるはずだ。コンサートに出掛けなくても、美術館へ行かずとも、森へ行ってふらふらしているだけでも違う。私はそう思う。

広い世界観

無意識の部分が現代社会を生きる者にとって必要な理由は、現代では意識が合理的・科学的なもので固められているからである。かつて人々は、いまより非合理なものを入れ込んだ意識を持って生きていた。神様仏様の存在を信じ、死んだらあの世へ行くと思っていた。そういった感情が支配する社会は、安定はするが進歩はしない。それに対して、意識の部分をむやみに強化し、合理的に鍛えてきたのが近代から現代にかけての欧米社会であり、その影響下にある多くの国々の社会、人々である。

無意識と意識の関係が切れてくると、人は不安になる。人間はみな死ぬのだから、死というものがその人の人生観にどう取り込まれるかは、とても重要なことだ。

現代人は、現代的な意識に合わないものを排除しすぎた。しかし、その排除の加減は難しい。ロケットで宇宙に行ったところで天国はないし、地面をいくら掘っても地獄はない。現代では自明のことだ。ところが、昔の人のように「天国と地獄はある」と考える人がいるとすれば、その人は生きやすいとも言える。

近代西洋が生み出した自然科学だけでは、もはやダメなのである。それを超える世界観、人生観を持っていないと、人は幸せにはならない。広い世界観のなかの一部の強力な部分として科学的な見方はある。それを含めたさらに広い世界観を持っていればいいのだが、科学技術的なものさしで世界のすべてを理解しようとすると失敗する。そこが難しいところだ。

人の意識や考え方は、そう簡単には広がらない。飛行機に乗り慣れているような、科学を信頼している人に向かって「天国も地獄もある」と諭しても、そこには整合性がない。昔の物語は通用しない。科学技術への信頼を持ちながら、「ゲニウス・ロキ」のような価値観も大切にする、そういった態度が必要なのである。

人は「それがすべてだ」と思った途端に不安になる。「それもある。これもある」というのが大事なのだ。

あとがき

『ケルト巡り』（編集部註・原題）、この表題を見て読者はどう感じられただろう。本書はケルト文明を訪ねての「旅行記」でもないし、ケルトに関する調査研究の報告書でもない。

ケルトの代表的な渦巻様の紋様のように、私はまさに「ケルトを巡って」内に入ったり外に出たり、昔々の世界にいるかと思うと、急に現代の真っ只中にいたり。私の感情も思考も巡り巡りして、ふと気がつくと入口にまた立っていた。そんな体験のなかから本書は生まれてきた。

旅の動機は本書の冒頭に述べられている。私が一番関心のあるのは、現代人——それも多くの場合、日本人——の生き方である。様々な人が様々な悩みを持って、私のところへ相談に来られる。親子、夫婦、職場の人間関係。ノイローゼの症状。それらの訴えに対して個々に解決の道を見出しながらも、それらすべてに、この現代という時代をいかに生きるか、もっと言うなら、人間は何のために生きるのか、何を支えとして生きるのか、という根源的な問いが底流しているのを感じる。そしてそれは取りも直さず、私自身に対する「いかに生きるのか」という問いとしてつきつけられてくるのだ。

心理療法という実際的な仕事をしつつ、私はいつもこの問いに向き合って生きている。このために、私は日本の昔話や神話などの物語を読み、考え、それを発表してきている。このような仕事のなかで、私が一番意識したのは、現代の欧米人の生き方、それを支えているキリスト教というものである。

詳しくは本文中に述べているので略すが、私はそこでヨーロッパにおけるキリスト教以前の文明、ケルトのことを知りたいという欲求がだんだん強くなってきた。そして、有り難いことに、NHKのスタッフの方々がそのような番組を作るために、イギリスのケルト文明の遺産がよく残っている地方、そして、アイルランドへ行くことに賛同してくれた。しかもその人たちは、かつて同様の考えでアメリカ先住民のナバホ、ズニの人たちを訪ねたときと同じグループで、気心はよく知れている。

一行は、ディレクターの奥平裕子、カメラマンの松原武司、音声係の森徹雄、それに旅の途中から合流したプロデューサーの山登義明のみなさんである。すばらしいチームワークで実に楽しく有益な旅を続けることができた。

この成果はすでに、二〇〇一年十月三十一日に「ハイビジョンスペシャル　河合隼雄　ケルト昔話の旅」と題して放送されたので、ご覧になった方もあるだろう。本書もそれに基づいて書かれているが、テレビ番組として短時間に示すと誤解が生じやすいと考えて、そのときにあまり触れなかった魔女やレイラインのことなどを、ここでは詳しく述べている。

このように多くの体験をしたので、テレビ番組だけでは残念なので書物にしようということになった。しかし、そこにはいろいろと困難な点が生じてきた。

旅の趣旨からしても、本書は事実の報告に重きを置くものではない。そして私の伝えたいことは、まさにケルトの本質と関わるものとして、文字によって表すのが困難なことが多いのだが、単に風景を伝えるというのではなく、雨や風や空気や空や、そして、人間にしてもその人の年齢、職業などということではなく、その人の持つ気配、声のトーンなど、すべて文字にすると抜け落ちるようなものばかり、なのである。

それに、私はこんな旅のとき、あるいは誰かと会うときなどでも、ノートは一切とらない。心に残ることは残ること、忘れることは忘れることだ、というような生き方をしている。それはそれでいいのだが、書物にするときは困ることになる。

そこで思いついた方法は、番組のディレクターである奥平裕子さんと、本書の編集担当者の小湊雅彦さんのふたりに、いろいろと質問をしてもらい、それに私が答え、それを本書のようなスタイルとしてまとめるというものである。

私はどんな短い文も自分で書き、口述筆記をしたことはない。だが、今度は前述のような経緯から、思い切ってやってみた。しかし、これは一般の口述筆記とは少し異なっていると思う。「書く」代わりに「口述」したのではなく、この文章の背後には、奥平さん、小湊さんと私の関係、そしてＮＨＫのクルーの人たちとともにした体験などが交錯し、どこかで生身の人間の言葉を感じさせるものになっているのではないかと思う。ふたりの質問や突っ込みに乗せられ、私はやや自由連想的にしゃべっているところがある。その方がかえって、この旅において私の意図したところが伝わるように感じたのである。

本文中にあまり引用できなかったが、ケルトに関しては先人の多くの書物を読ませていただき、大いに参考にさせていただいた。いちいち名前をあげることはできないが、ここにお礼を申し上げたい。特に鶴岡真弓さんは、旅に出る前に直接お会いし、多くの有益な示唆《しさ》を与えてくださった。心から感謝申し上げる。

そして、本書に関わったすべてのスタッフにも、心からのお礼を申し述べたい。この人たちの力がなかったなら、本書は成立していなかったのである。

この、やや風変わりな書物が、「現代を生きる」うえで、いろいろと悩み考えている人たちに、少しでも解決へのヒントを提供することができたなら、著者として誠に幸いである。

河合隼雄

文庫解説　河合隼雄『ケルトを巡る旅』

中沢新一《なかざわしんいち》

人間の心について、河合先生はスイスのグスタフ・ユング博士の研究から、多くのことを学んでこられた。ユングはフロイトと協力して、精神分析学という人の心を探る新しい学問の扉を開いた人だが、自分自身がユダヤ人でユダヤの宗教伝統から大きな影響を受けていたフロイトとちがって、一神教とは異なる「異教（パガニズム）」の伝統や、キリスト教の中に隠されている古代人（ここにはケルト人も入る）の考え方などに、深い関心を抱いていた。

ユングはこう考えたのである。ユダヤ教やキリスト教が発達するようになって、人間の深層意識についての合理的な理解がずいぶんと進むことになったけれども、異教の伝統の中には、一神教のやり方では手の届かないほどに深いところで活動している、人間の心の秘密が残されている。そういう無意識は、個人を超えたところで活動する、集合的無意識を形作っている。その集合的無意識は、一見すると合理的に管理されているように見える現代人の心の奥でも、いまだに活発な動きを続けている。現代人の抱える心の病の多くは、この層の無意識がしたたかに痛めつけられてしまったことに原因している。私たちの心に健康をとり戻すには、もう一度異教の伝統が語りかけてくるものに、耳を傾けてみなければならない。

このように考えたユングは、その頃大いに発達をとげていた人類学や宗教学の調査や研究を、並々ならぬ関心をもって研究した。それと同時に、ヨーロッパに残る異教の伝統の末裔《まつえい》である魔術に親しみ、中国の道教やチベットの仏教に関する文献を読みあさった。それでも満足できなかったユングは、みずからアメリカ先住民の世界へでかけていって、神話に耳を傾けたり、じっさいに儀礼に参加して、異教の無意識のじっさいの姿を熱心に学びとろうとしたのである。

このようなユングの姿を、河合先生は深い感動をこめて見つめていた。しかし、心理学者になっても、すぐにはユングの真似をしようとはしなかった。河合先生には、ひとつの強い自信があったからである。自分は、キリスト教を受け入れようとしなかったこの東アジアの列島に、生まれて育ったのである。少年時代を体験した生まれ故郷の丹波《たんば》篠山《ささやま》には、古い日本人の心性が、色濃く息づいていた。

「わたしはニホン原住民である」、そうはっきり言えるだけの自信が、河合先生にはあった。それだから、ヨーロッパで勉強されているときも、自分はニホン原住民である、という意識をもって、ヨーロッパ人の研究を批判的に眺めることができた。河合先生には、ヨーロッパのものをやみくもに有り難がる西欧崇拝もなかったし、その反動であるナショナリズムにもまったく心惹かれることがなかった。ヨーロッパ人の学問にたいしても、キリスト教の文明にたいしても、ヒューマニズムや人権の考えにたいしても、つねに等距離を保って向かい合い、はずむような批判精神でもって、それらを平等な心で眺めることができた人だった。

その河合先生が、還暦をすぎた頃からだろうか、心の師匠であるユングの生き方に「まねびて」、異教世界へのじっさいの旅をはじめられたのである。それには少しだけ私の関与もあずかっている。その頃、河合先生と私はしばしば出会って、対話を楽しんでいた。その対話の内容の一部は、『ブッダの夢』『仏教が好き!』(ともに朝日文庫)などの本に記録が残っているから、ぜひお読みになっていただきたい。河合先生は、チベット人の世界などで私が体験したことをしきりと知りたがり、細かい具体的な質問をつぎからつぎへと浴びせてきた。

そして、話題がアメリカ先住民に及んだときのことである。「ぼくの学生の中に、アメリカ先住民のナバホ族がつくったナバホ大学というの学生になって、勉強にでかけているのがいます」、このことばを耳にすると、河合先生の目がキラッと光った。「ほう、そんなものがあるのですか。そこではどういうことを教えているのですか」と先生。「ナバホ族の伝統的な生き方全般にわたる知識を、教えているそうですよ」。「すると、ナバホ族のところでは、まだそういう知識をちゃんと伝えておるんですね」。「そのようですよ」と私が応えると、河合先生はいかにも満足そうな表情でうなずかれていた。

それからしばらくしてである。河合先生は雑誌の取材を利用して、ナバホ族の世界に旅立っていかれた。あとで聞いてみると、河合先生の積極的な提案による取材旅行であったそうで、まるで長いこと自分のなかで温めてきた計画を、満を持して実現に移すといった趣であった。さて、それからまたしばらくして、旅行から戻ってこられた先生にお会いしてみると、「感激しました」と「がっかりしました」が一緒くたになったような、じつに複雑な反応であった。

ユングと共通の体験を持てたことや、本の中で読んだことのある神話の現場に連れていってもらったことには、たいへんに感激されていた。しかし、古い本物の伝統は、もうすっかり衰微してしまっていて、現在の先住民の人々が、人類学者の記録などを手がかりにして、いったん途切れた伝統をなんとかして復活させようとしている様子には、なにか身につまされる切ない思いを抱かれて帰っていらっしゃったように、私には感じられた。

そういう体験をされたあとだったから、そのあとのケルト世界への旅には、ナバホ族への旅のときのような緊張や昂《たかぶ》りは少なく、むしろ「美しい嘘を楽しんでこよう」という余裕すら感じられた。じっさい、いまのアイルランドにでかけたからといって、大昔のケルト文明の伝統が、そのまま生き残っているはずもなく、そこで出会うことになるのは、たぶん美しいケルトの幻影にすぎないということになるのだろうと、先生はでかける前からうっすらと自覚されていた。

アイルランドやイングランドのケルト地帯では、ドルイドの夏至の祭を見学した。魔女と呼ばれる女性にも出会った。古い「おはなし」の語られる現場をたずねることもできた。河合先生の予想どおり、それらはすべてケルトに深い関心を持つ最近の人たちが、「たぶん、こんな風だったのではないだろうか」と、古い文献の知識に自分の想像力をまじえて（ときには、ユングの著作を参考にしながら）、新しく創作した「美しい嘘」のたぐいなのであった。河合先生はそんな風にして創作された現代のケルト世界を、悠々と楽しんでこられたのである。

現代に再現された「ケルト」は、たしかに伝承されてきたほんものの世界ではない。しかし、それらはいずれも「当たらずといえども遠からず」として、なにかの真実には触れている。河合先生はご自身が「ウソツキクラブ」の主宰者として、このような「美しい嘘」の価値を、誰よりも深く理解されている方であったから、人々が現代にケルトの幻影をよみがえらせようとしている姿には、深い共感を覚えられた様子なのであった。

じじつそこでおこなわれていることは、心理学者や心理療法家が日々クライアントを相手にして実践していることと、同じ本質を持っていることを、先生は鋭く見抜いておられた。「ケルト」に溺れることなく、またそれが「美しい嘘」であるからといって冷ややかな目を持つのでもなく、河合先生はここでも「正しいことは絶対的でなく、真理は嘘をとおしてしか語ることのできない場合もある」という思想を、見事に堅持されている。こういうことにつけても、河合隼雄という人は、ほんとうに恐ろしいほどの知性をもった人であった、と私はつくづく思うのである。

主な参考文献

『怪談』 ラフカディオ・ハーン作 平井呈一訳 岩波文庫
『ケルト 生きている神話』 フランク・ディレイニー著 鶴岡真弓監修 森野聡子訳 創元社
『ケルト幻想物語』 W・B・イエイツ編 井村君江編訳 ちくま文庫
『ケルト人 蘇るヨーロッパ〈幻の民〉』 クリスチアーヌ・エリュエール著 鶴岡真弓監修 田辺希久子・湯川史子・松田廸子訳 創元社
『ケルト／装飾的思考』 鶴岡真弓著 ちくま学芸文庫
『ケルトの風に吹かれて』 辻井喬・鶴岡真弓著 北沢図書出版
『ケルトの賢者「ドルイド」 語りつがれる「知」』 スチュアート・ピゴット著 鶴岡真弓訳 講談社
『ケルトの神話・伝説』 フランク・ディレイニー著 鶴岡真弓訳 創元社
『ケルト美術への招待』 鶴岡真弓著 ちくま新書
『ケルト民話集』 フィオナ・マクラウド著 荒俣宏訳 ちくま文庫
『ケルト妖精物語』 W・B・イエイツ編 井村君江編訳 ちくま文庫
『ジョイスとケルト世界 アイルランド芸術の系譜』 鶴岡真弓著 平凡社ライブラリー
『妖精詩集』 W・デ・ラ・メア著 荒俣宏訳 ちくま文庫 ほか多数

本書は、二〇〇四年一月に日本放送出版協会より刊行された
『ケルト巡り』を、文庫収録にあたり改題したものです。

河合隼雄―1928年、兵庫県に生まれる。京都大学理学部卒業。臨床心理学者・心理療法家。京都大学名誉教授、国際日本文化研究センター名誉教授。元文化庁長官。2007年、逝去。

スイスのユング研究所に留学後、日本にユング派心理療法を確立した。

著書には『神話と日本人の心』(岩波書店)、『こころの処方箋』『泣き虫ハァちゃん』(以上、新潮文庫)、『ナバホへの旅 たましいの風景』(朝日文庫)、『昔話の深層―ユング心理学とグリム童話』『明恵 夢を生きる』『源氏物語と日本人―紫マンダラ』(以上、講談社＋α文庫)など多数。

講談社+α文庫 ケルトを巡《めぐ》る旅《たび》
――神話と伝説の地
河合隼雄《かわいはやお》

2010年7月20日第1刷発行
2025年6月3日第6刷発行

発行者――――篠木和久
発行所――――株式会社 講談社
東京都文京区音羽2-12-21 〒112-8001
電話 編集(03)5395-3522
販売(03)5395-5817
業務(03)5395-3615

本文写真――――松原武司
デザイン――――鈴木成一デザイン室
本文データ制作――講談社デジタル製作
カバー印刷――――TOPPANクロレ株式会社
印刷――――株式会社新藤慶昌堂
製本――――株式会社国宝社

KODANSHA

落丁本・乱丁本は購入書店名を明記のうえ、小社業務あてにお送りください。
送料は小社負担にてお取り替えします。
なお、この本の内容についてのお問い合わせは
第一事業本部企画部「＋α文庫」あてにお願いいたします。
Printed in Japan ISBN978-4-06-281376-1
定価はカバーに表示してあります。

講談社+α文庫 Ⓐ生き方

生まれたときから「妖怪」だった	水木しげる	アホと言われ、戦地で左腕を失い、貧乏に追われ。だけど痛快な、妖怪ニンゲン人生訓！	648円	A 87-1
イギリス式 お金をかけず楽しく生きる	井形慶子	月一万円の部屋を自分で改造、中古の家具や服で充分。大切な人や物を見失わない暮らし！	620円	A 94-1
イギリス式 小さな部屋からはじまる「夢」と「節約」	井形慶子	家賃一万円の部屋からスタート、人生の夢を叶えた著者の後悔しない選択のヒント満載！	648円	A 94-3
イギリス式 年収200万円でゆたかに暮らす	井形慶子	お金をかけず幸せに生きる！ 減収・物価高のイギリスで人々が実践する生活改善術満載	648円	A 94-4
イギリス式 月収20万円で愉しく暮らす	井形慶子	合理的でシンプルなイギリス人の暮らしに学べば、お金をかけずに幸せに生きる術がわかる	650円	A 94-5
「愛され脳」になれる魔法のレッスン	黒川伊保子	なぜか恋がかなう！ 彼を深層心理でトリコにする、脳科学的「絶対愛される女《ひと》」の法則	630円	A 97-1
王子様に出会える「シンデレラ脳」の育て方	黒川伊保子	脳科学が明かす恋愛成就の〝7つの魔法〟と〝5つの約束ごと〟。次はあなたがシンデレラ！	700円	A 97-2
しあわせ脳練習帖	黒川伊保子＝監修 松苗あけみ＝絵	恋の魔法は容姿や性格のよさなんかではない。満足感が自噴する、しあわせ脳になること！	552円	A 97-3
いまを生きる言葉「森のイスキア」より	佐藤初女	心のこもった手料理と何気ないひと言で、多くの人が元気になった「イスキア」のすべて	760円	A 102-1
「いのち」を養う食 森のイスキア 幸せな食卓のための50のメッセージ	佐藤初女	「人間の元気の源はまず食べること」。92歳の著者が伝えたい、心が活きかえるヒント	590円	A 102-2

＊印は書き下ろし・オリジナル作品

表示価格はすべて本体価格（税別）です。本体価格は変更することがあります

講談社+α文庫 Ⓐ生き方

パンプルムース！	江國香織＝文 いわさきちひろ＝絵	江國さんがちひろさんの絵を選んで、ひらがなの詩をつけました。美しく、いさぎよい本	590円	A 109-1
あきらめの悪い人 切り替えの上手い人	下園壮太	あの人はなぜ人生を楽しめるのか。自分にとって最良の選択をする、究極の発想転換法	667円	A 111-1
*スローセックスの奇跡 1000人の女性を癒した「性のカルテ」	アダム徳永	彼女を満足させられない、苦痛の愛撫から逃れたい……性の悩みを解決する〝神の手〟の真髄！	800円	A 112-1
実践イラスト版 スローセックス完全マニュアル	アダム徳永	究極の性技〝アダムタッチ〟65テクを完全図解。本物の愛を知り、心の底から気持ちよく!!	690円	A 112-2
傷つきたくないあなたのスローセックス	アダム徳永	「幸福になるため」のやさしいメッセージ。愛に満たされたい、すべての女性の必読書	562円	A 112-3
*クイズで入門 日本の仏像	田中ひろみ	クイズに答えるうちに仏像の基礎知識が自然に身につく！ 有名仏像をイラストで網羅！	580円	A 114-2
会いに行きたい！ 日本の仏像	田中ひろみ	国宝からちょっと変わった面白い像まで。一度は見ておきたい仏像50体とその見どころを紹介	630円	A 114-3
暮らしのさじ加減 ていねいでゆっくりな自分にちょうどいい生活	金子由紀子	世の中の動きにかき乱されないでしっかりと自分らしい暮らしを生きていく素敵な知恵一杯！	600円	A 116-2
魂にメスはいらない ユング心理学講義	河合隼雄 谷川俊太郎	心はなぜ病むのか、どうすれば癒えるのか、死とどう向きあうか。生の根源を考える名著	800円	A 122-1
昔話の深層 ユング心理学とグリム童話	河合隼雄	人間の魂、自分の心の奥には何があるのか。ユング心理学でかみくだいた、人生の処方箋	940円	A 122-2

*印は書き下ろし・オリジナル作品

表示価格はすべて本体価格（税別）です。本体価格は変更することがあります

講談社+α文庫 Ⓐ生き方

明恵《みようえ》 夢を生きる　河合隼雄
名僧明恵の『夢記《ゆめのき》』を手がかりに夢の読み方、夢と自己実現などを分析。新潮学芸賞を受賞
940円 A 122-3

「老いる」とはどういうことか　河合隼雄
老いは誰にも未知の世界。臨床心理学の第一人者が、新しい生き方を考える、画期的な書
750円 A 122-4

母性社会日本の病理　河合隼雄
「大人の精神」に成熟できない、日本人の精神病理、深層心理がくっきり映しだされる！
880円 A 122-5

カウンセリングを語る㊤　河合隼雄
カウンセリングに何ができるか!? 第一人者による心の問題を考えるわかりやすい入門書
840円 A 122-6

カウンセリングを語る㊦　河合隼雄
心の中のことも、対人関係のことも、河合心理学で、新しい見方ができるようになる！
780円 A 122-7

源氏物語と日本人 紫マンダラ　河合隼雄
母性社会に生きる日本人が、自分の人生を回復させるのに欠かせない知恵が示されている
880円 A 122-9

こどもはおもしろい　河合隼雄
こどもが生き生き学びはじめる！ 親が子育てで直面する教育問題にやさしく答える本！
781円 A 122-10

ケルトを巡る旅 神話と伝説の地　河合隼雄
自然と共に生きたケルト文化の地を巡る旅。今、日本人がそこから学ぶこととは――？
710円 A 122-11

天才エジソンの秘密 失敗ばかりの子供を成功者にする母との7つのルール　ヘンリー幸田
エジソンの母、ナンシーの7つの教育法を学べば、誰でも天才になれる！
705円 A 123-1

チベットの生と死の書　ソギャル・リンポチェ　大迫正弘　三浦順子＝訳
チベット仏教が指し示す、生と死の意味とは？ 現代人を死の恐怖から解き放つ救済の書
1524円 A 124-1

表示価格はすべて本体価格(税別)です。本体価格は変更することがあります

＊印は書き下ろし・オリジナル作品